好的关系，需要刚刚好的距离

天地出版社 | TIANDI PRESS

图书在版编目（CIP）数据

好的关系，需要刚刚好的距离 /（韩）金惠男著；何汲译．— 成都：天地出版社，2022.9
ISBN 978-7-5455-7033-5

Ⅰ．①好… Ⅱ．①金… ②何… Ⅲ．①人际关系学—通俗读物 Ⅳ．①C912.11-49

中国版本图书馆CIP数据核字（2022）第059865号

著作权合同登记号：图进字21-2022-155

HAO DE GUANXI，XUYAO GANGGANGHAO DE JULI

好的关系，需要刚刚好的距离

出品人　陈小雨　杨　政
作　　者　[韩] 金惠男
译　　者　何　汲
责任编辑　郭　明
责任校对　马志侠
封面设计　仙境设计
责任印制　王学锋

出版发行　天地出版社
（成都市锦江区三色路238号　邮政编码：610023）
（北京市方庄芳群园3区3号　邮政编码：100078）
网　　址　http://www.tiandiph.com
电子邮箱　tianditg@163.com
经　　销　新华文轩出版传媒股份有限公司

印　　刷　天津融正印刷有限公司
版　　次　2022年9月第1版
印　　次　2023年4月第2次印刷
开　　本　880mm×1230mm　1/32
印　　张　8.5
字　　数　150千字
定　　价　48.00元
书　　号　ISBN 978-7-5455-7033-5

咨询电话：（028）86361282（总编室）
购书热线：（010）67693207（营销中心）

希望你不要犯我曾犯过的错误

在人际关系中经常会出现一种奇怪的现象，那就是人们对陌生人往往比对亲人更友善。举例来说，一位跟爸爸交谈了老半天，却仍然无法跨越内心鸿沟的女儿，看到迷路的旅人时，反而会很亲切地去为他指路；总是感叹着好久没跟死党联络的朴副经理，每周都跟同事一起喝酒两三次；一向随和爽朗，被称为“微笑先生”的崔主管，往往回到家后，就摆出一副扑克脸，变得沉默寡言。

当遇到陌生人时，人们常常会释放出善意，并且乐于倾听他们所说的话。对于关系亲密的人，人们反而希望他们主动来到自己身边，关心自己会不会累，希望即使自己不说出口，对方也会理解自己，并且接受自己的一切。然而，其实对方也有一样的诉求。于是，人们宛如生活在各自的孤岛上，埋怨和憎恨着那些让自己倍感孤单的人。我们在街上看到的友善的人，可能是一个抱怨丈夫的妻子、一个对父亲不理不睬的儿子、一个与恋人大吵一架而满心伤痕的人，也可能是一个已经大半年不曾与朋友联系的“无心人”。

为什么我们对陌生人可以和蔼可亲，却无法与亲近的人好好相处？为什么我们都宛如活在各自的孤岛上？是什么原因让你我如此受伤呢？

在60多年的人生岁月中，我也曾遇到过不计其数的人。我在父母的疼爱下长大，在朋友的陪伴下成长，在踏入社会之后从无数人身上学习到处世之道，这些经历造就了今日的我。在这个过程中，我偶尔受到伤害，也伤害过别人；有时感到委屈，有时讨厌某个人；有时会发脾气，有时难过得痛哭流涕；有时心里受伤，什么事也不想做。

然而，直到我40岁时，我都很自豪能够独自完成这整个过程，并且认为是因为自己做得很好，所以才成就了现在的我。我觉得即便这个世界上没有人帮助我，我也可以独自站起来。我认为只有别人需要我，而我压根儿就不需要别人伸出援手。我也误以为如果没有我，世界将无法运转，我的家人、我医院的患者们，都无法好好地活下去。

当然，我也很感谢周围的亲朋好友们陪伴在我身边。

不过，那只是短暂闪过的念头，每天为了生活而忙碌的我，未曾好好地对他们致以谢意。更准确地来说，只有在紧急的时刻，我才意识到应该感谢他们，对于他们平日的陪伴，我总是视为理所当然。有一回，女儿对我说："妈，你不要只倾听病患的心声，也听听我想说的话，可以吗？"我则用厌烦的口吻回答她说："我现在很忙，你不能下次再说吗？"不仅如此，我也曾经憎恨我先生不知不觉地将家务和育儿的事都推给我；埋怨我的婆婆无视我忙于工作和家务，责怪我没有好好照顾她儿子；讨厌那些明知道我已经忙得不可开交，却只会在自己需要帮助时来找我帮忙的人。那时，我认为处理所有的人际关系，都只是令人感到厌烦而疲累的事。

然而，2001年，我发现自己的身体变得越来越僵硬，后来被诊断患有帕金森病。2014年，因为病情日益恶化，我不得不关掉自己创办的医院，随后来拜访我的人、与我联络的人都开始减少。起初我忙于应对病痛，并没有意识到，回过神来才发现，原本那么多的好朋友竟都不知去向，周遭竟是空无一人。此外，这个世界即便没有我，也依然顺利地运转着。此时，我才重新看到了那些总是守候着我的人，才明白那些能够握住彼此的手，能感受彼此体温的打招呼的方式，凝视着对方问候彼此近来可好，天南地北地聊着天，了解彼此想法的时刻，是多么值得珍惜。

然后，对于那些过去我总是以漫不经心或流于形式的态度来对待的人们，我内心充满了歉意。虽然其中有些人只是擦肩而过，但也有很多人是我应该好好对待的，我却以忙碌为由，忽视了他们。

30 多年来，身为一个精神分析专科医生，我曾经面对过数千名患者。他们都因为心灵上的痛苦来找我，令我惊讶的是，最让他们感到痛苦的人，往往是最亲密的人。虽然他们想要以自己真实的样子被爱，但是亲人们却体察不到他们的渴求。在他们看来，最困难的事情就是与亲人亲近。因为他们担心对方若是发现自己没出息和自卑的模样，会不喜欢自己，甚至离开自己。

由于过去的伤口痛彻心扉，所以他们选择适当地掩饰自己，以免再度受到伤害。他们渴望被爱，但是一旦有人靠近，他们又害怕得逃开。他们认为自己只有表现得非常优秀时，才有资格被爱，因而竭尽全力想要做到完美，结果累坏了自己。对于这些被亲密关系所困扰的人来说，找上他们的往往只有深深的忧郁。他们觉得日复一日地活着毫无意义，只是让人倍感艰辛，最后在我面前放声大哭。

若是想要与某人亲近，就要保持适当的距离，自己想对别人隐瞒的那种没出息和软弱的模样即使被他看见也无妨。你唯有觉悟到可能受到伤害，才有可能得到你渴求的爱。即便你做好了心理准备，当真正相处时，你仍会常常感到很受伤，因为如果对方无法理解你想表达的意思，你就会感到很难过；如果对方坚持去做你叫他不要做的事，你就会很生气；当发现你以为永远会支持你的人，却只是固执己见时，你会觉得对方好陌生，离自己好遥远……这其实是人之常情。

原本世事无法随心所欲，就已经让人感到遗憾，如果连亲密的伴侣都不能与自己同调，实在让人沮丧。试着安慰自己，反正人生是独自来去，却还是忍不住大发雷霆。对于不了解自己的对方，就会渐渐感到厌烦而心生埋怨。如果可以避而不见也就罢了，偏偏彼此又是即便讨厌也要天天见面的关系，一旦两人之间发生问题，对于两人的其他人际关系也会产生不良影响。这种看不到改善征兆的关系，若是日复一日地持续下去，对人产生的负面影响就太大了。处于这样糟糕的关系中，该如何是好？难道除了断绝这种关系，别无他法吗？

我也曾经认为最好的方法就是切断这种关系。不过，后来我选择直面问题，不再逃避。我试着问自己是否对对方有太多的期待，如果继续维持这种关系，我不得不放弃什么。在这个过程中，我意识到自己为了做好工作和处理好人际关系，努力地与别人相处融洽，却忽视了真正应该珍惜的关系。我努力去讨好无关紧要的人，却没有同等对待我生命中最重要的人。

本书对于那些想要跟所有人相处融洽的人，并不会有什么帮助。现在我并不想再把时间和精力花在那些对我的人生无关紧要的人身上，这是因为我光是专注于将时间花在与我所爱的人建立更深厚的关系上，都已经不够用了。

不过，有趣的是，当我与所爱的人改善关系，双方的关系更加深厚的时候，与他人的关系也变得更加舒适。以前，我总觉得跟人们碰面是一件令人疲惫的事，现在看到每个来找我的人，我都觉得很开心，也很感激他们，因而很享受与人见面这件事。

去年我曾经和高中同学一起去了一趟济州岛。虽然出发前吃过药，但是旅程之中，我突然变得全身僵硬，所以连准备食物都帮不上忙，也不能洗碗，甚至无法拿汤匙，不得不接受朋友的喂食。当时我觉得自己好像成了一个废物，非常讨厌自己。有位朋友注意到我沮丧的表情，对我说："惠男呀，你只要这样待着就很棒了！"面对这些接纳一无是处的我的朋友，我不禁失声痛哭。一直以来独自面对遭受身心痛楚而压抑的情绪，突然爆发出来。哭了好一会儿后，我身体的状况并没有任何改善，但是我的心情放松了很多，似乎也获得了足以忍受任何痛苦的勇气。有这些好朋友在我身边，我有什么做不到的呢？

我希望你身边也有这样给你力量的人，至少你不要犯我在40岁前曾经犯过的错误。人们终究要彼此依靠着活下去，希望你能成为别人的支柱，也学会合理地依靠他人，不再感到孤单。

金惠男

2018年1月

第 1 章
人与人之间需要距离的理由

安于独处者的心理 / 003

为什么她觉得结婚后更孤独？ / 012

是什么让我们对人际关系感到疲惫？ / 019

最亲近的人带给我们的伤害往往最大 / 025

不要再费尽心力，先保持距离吧 / 032

你我之间所需的最佳距离 / 040

第 2 章 那些让你我之间互相折磨的事情

害怕被抛弃：你不再是一个无助的孩子 / 049

关于金钱：你可以借给好朋友多少钱？ / 055

关于愤怒：希望你每次发怒之后，都不会后悔 / 060

关于期望值：请不要为了满足他人的期待而活 / 065

过去的伤痛：过去的不幸不代表一辈子都如此 / 070

比较的泥淖：不要将赢过别人当成人生目标 / 074

独立或依赖：为何你对于寻求帮助有所顾忌？ / 078

第 3 章 对我而言最重要的不是你，而是我自己

为何你那么想得到认可？ / 085

这绝对不是我的错 / 091

当你为自己做出选择时，不要感到抱歉 / 095

恢复自信心最为要紧的理由 / 102

提升自信心的 3 种方法 / 105

让别人不敢对我们胡来的方法 / 111

如何优雅地应对不公正的批评？ / 119

第 4 章

我们和家人、恋人之间所需的距离：0cm~46cm

为什么家庭问题特别难以解决？ / 125

和睦的家庭不是从不吵架，而是能够妥善解决冲突 / 129

即便是父母也不能任意对待你 / 133

越是亲近的人，越需要对话 / 139

父母与子女之间的 4 项相处要领 / 143

夫妻之间必须遵守的 5 条原则 / 151

媳妇永远不可能成为女儿，女婿也不可能成为儿子 / 159

观察女儿的婚姻所领悟到的事 / 163

相爱的恋人之间所需的最佳距离 / 167

不要因为孤独而随便与人交往 / 172

对于爱情最起码的礼节 / 177

第 5 章

我们和朋友之间所需的距离：46cm~1.2m

总是说很忙的人最后感到后悔的事 / 185

最好的建议就是好好倾听 / 189

只要有个真心的朋友，就是成功的人生 / 194

若是想要结识好朋友，首先要成为好的朋友 / 199

想对片刻不离社交网络的你说的话 / 206

第 6 章
我们和同事之间所需的距离：1.2m~3.6m

为什么我们更常用“同事”一词，而非“朋友”？ / 215

为什么我们公司会有这么多奇怪的人？ / 221

不要因为人的因素而离开公司 / 227

努力想满足你所认识的每个人是疯狂之举 / 235

第 7 章
在精神分析中学到的人际关系的智慧

尽管如此，我们仍然需要彼此 / 241

偶尔也要积极地独处 / 249

我不想为自己留下墓志铭 / 254

第1章

人与人之间需要距离的理由

安于独处者的心理

“金医生，我觉得自己一个人过得更舒服。”

“为什么？”

女患者用答案再明显不过的口吻回答道：“跟人碰面很累呀！而且，有什么非见不可的理由呢？”

依照她的说法，工作上的事就已经让人忙得不可开交，若要跟朋友见面，就得另外约时间。现在大家都很忙，很难找到大家都有空的时间，而且大家的喜好也不一样，具体活动内容难以确定，比如看电影，每个人喜欢看的电影都不一样，光是要挑选一起看的电影就大费周章。好不容易碰了面，大家却往往都忙着聊个人的事。跟朋友碰面时虽然没有做什么繁重的事，回家之后还是感觉很累，隔天身心状况也会变得很糟。因此，如果想要看电影，就自己去看，然后再回家休息，这样压力反而比较小。

她的话的确言之成理。以付出的努力与所获得的回报而言，跟人建立关系真是一件效率很低的事。建立关系需要付出时间和精力，需要敞开心扉去接触他人，却无法知道对方是否真的会接纳我。即便我再努力，对方也可能不喜欢我。就算对方也喜欢我，也没有人知道这份感情何时会变卦。

假使有一天对方明白了我的心意，然后投入时间、精力和金钱来维持关系，也并不代表想要的结果就一定会出现。如今，相熟的人们已不像从前一样住在同一个村庄，而是散居各处。我不知道身边的人什么时候会搬家，什么时候会转学，什么时候会换工作，什么时候开始不再来补习班，或是不再参加聚会。一辈子会待在同一个空间的人，在遭受损失的时候也常常选择忍耐，直到获得补偿为止；但是如果不知何时就会分离，谁会想吃亏呢？此外，人们为了在冷酷的无限竞争中生存下去，已经忙得焦头烂额，因此不得不计较付出努力的投资回报率。

从这方面来看，那名女患者说独自一人更舒服的话的确没错，但是，她为什么会来找精神科医生呢？

她来找我的真正理由

最近“网络阿姨”“网络管家”这样的用语很流行。“网络阿姨”指看到别人公开放在网络上的孩子影像后，将之视为自己的外甥一般来疼爱的人。“网络阿姨”虽然并未实际看过孩子，但是通过网络持续关注这些可爱孩子的日常生活，像粉丝一样支持、关爱着孩子，扮演着虚拟阿姨的角色。

在现实生活中，阿姨若想见外甥的话，不仅要花费时间和精力，有时还得花钱。但是“网络阿姨”没有照顾孩子的责任，也不需要牺牲什么，只要在自己方便的时候，上网去看看孩子的可爱模样，尽情地享受观赏的乐趣，并获得心灵的慰藉即可。若是觉得这个孩子变得不可爱了，就可以马上换另一个目标来关注。

“网络管家”则是指虽然自己不养猫，但是觉得猫很可爱，经常上网观看别人养猫的照片或视频的网民。由于韩国将养猫的人称为“管家”，“网络管家”一词便由此衍生而来。在现实生活中，饲养宠物并不是容易的事，但是“网络管家”却不必操心任何事，他们只要看一看可爱猫咪的照片或视频，得到心灵的疗愈即可。如同“网络阿姨”一般，只要在自己觉得需要的时候，看自己想看的部分就好，没有需要时，不看也没关系。

有趣的是，不论是“网络阿姨”还是“网络管家”，都是人们为了摆脱孤单而建立的一种虚拟的关系。人们并不想放弃通过关系所获得的心理安慰及快乐，因为他们已经体会到这才是抚慰终日疲惫的身心最好的方法。然而，这些“网络阿姨”或“网络管家”虽然意识到了关系的重要性，却认为直接与人见面，是投资回报率非常低的做法。

不过，这位来找我咨询的女患者连关系的重要性也不认同。她认为自己已经充分了解生活所需为何，因此争辩说不需要专门花力气去经营人际关系。我很尖锐地问她：“那么你心里还有什么不满意的呢？”

“金医生，你没有尝过被人背叛的滋味吧？”

一般人认为精神科医生相当了解人心，所以谁都骗不过他们。但是，就算再聪明的精神科医生，碰到存心欺骗的人，也是难以招架的。在面对患者的时候，医生会尽最大的努力来帮助患者，但是离开诊室之后，医生也只是个平凡人，觉得疲惫的时候，也想依赖某个人，也想发发牢骚。我也曾经遭到背叛。曾经有朋友信誓旦旦地说一定会还钱，实际上却有借无还，也有刚刚还在身旁对我笑嘻嘻的同事，转身却在背地里散播谣言，使我陷入困境。然而，我并没有说出我的遭遇，而是默默地听她诉说，因为她正要说出她的真心话。

原来，2 个月前她交往 3 年的男友要求分手。他对她说：“我对你而言有任何意义吗？你总是精力充沛地工作，把工作看得比我重要。你什么都能自己解决，所以你不需要我，不是吗？”她感到十分震惊。一直以来，她都认为如果表现出软弱和依赖的一面，她的男友就会不喜欢她。

因此，无论遇到多么令她疲惫的事，她都在他面前露出笑脸；即便是她不喜欢吃的食物，只要他想吃，就会陪他一起去吃；她不喜欢棒球，但是因为他很热衷，所以也曾经陪他去看过许多次棒球赛。如果因为她没有表露出疲惫的样子，就说要分手，叫她情何以堪？相反，她觉得因为自己更爱他，所以处处配合他，总是看他的脸色。然而，她并不想让男友看到自己崩溃的模样，所以就装酷说：“好呀！分手吧！”

她从小就不太会撒娇，也很少哭。母亲在情非得已之下怀了她，不得不辞掉工作，因此，她在成长过程中，经常会听到母亲说“如果你没有出生多好”之类的抱怨的话。她认为自己毁掉了母亲的一生，所以不能表现软弱，也没有资格哭泣。5 岁的时候，她曾经在大卖场耍性子，央求母亲买一只泰迪熊，至今她仍记得母亲转身离去的那一刻。在一次咨询的过程中，在我的疏导下，她终于生气地大吼道：“又不是我想要出生，才被生下来的，而且我已经非常努力了，到底还要我怎么做？我已经精疲力尽了。”

分手以后，她决定不让自己再受到伤害，并且锁上了心门。她觉得“所有人都大同小异”，因此跟别人划清界限，喜欢独自一人。看起来并不舒坦的她，为自己设了一堵墙，每当有人想要进入时，她就如临大敌，绷紧神经而焦虑万分。她总是心里嘀咕：“别人会如何看待我？”“别人会不会说我的坏话？”“我的朋友会不会背叛我？”她希望受到关注，却又设了一堵墙，结果只担心着那堵墙，持续地注视着那堵墙，什么事也做不了。

我们家有 5 个孩子，所以根本没有安静的时候。或许是因为在闹哄哄的环境中长大，不知何时开始，我总是梦想着有一天能够独自安静地生活。然而，事实上连单独喝杯咖啡都是一件奢侈的事。所以，只要能够独处，即便很短暂，我也会尽情地享受那段时间，至于别人如何看待，又有什么关系！

然而，这名女患者一直说自己喜欢一个人待着，却不能真正享受独处的时光。因为她过于在意别人会怎么评论自己，总是紧张兮兮的，这样如何能够乐于独处呢？我之所以能够享受独处的时光，是因为我始终相信，只要我愿意，不论何时都可以跟别人联络，而且他们也会很开心与我取得联系。但是，她并没有这样的信念，结果为了不受伤害而远离人群，却无法取得内心的平静。无论是在人群之中，还是独处之际，她总是感到孤单寂寞。套用小说家马克·吐温（Mark Twain）的名言就是："最严重的寂寞，是无法与你自己安然相处。"她并未身处险境，却体验了最可怕的孤寂。

反正人生无处不受伤

"你觉得最幸福的瞬间是什么时候？"我问她。

她沉默良久，想到了她的祖母。小时候去乡下的祖母家玩耍时，祖母总会开心地迎接她："哇！我的宝贝来了呢！"然后，她就会迈着小碎步奔向祖母，祖母会抱着她说："哇！真可爱。"然后亲吻她的脸颊。在她回忆起最快乐的时光之际，她的表情显得十分轻松和幸福。任何人都是如此。只要试着回想那些欢乐时光，十之八九脑海里都会浮现出与自己珍爱的某人共度的回忆，鲜少有人会想到独处的场景。这也说明了幸福其实存在于建立和维系人际关系的过程中。

但是建立和维系人际关系绝非易事。越是像她这样饱受伤害的人，越是害怕向别人敞开心扉。事实上，与人更加亲密跟分手一样是件难事。因为若想拉近彼此的距离，势必要向对方展现出自己想要隐藏的模样，又害怕遭到拒绝。但唯有克服这种恐惧，才能真正与人变得亲近。这是因为，拥有亲密关系的两个人之间存在着深厚的情感，可以分享内心深处的感受。若是身边没有这样的人，就会觉得自己的人生若有所失……亲密关系不是指跟他人进行肤浅的对话的关系，而是一种可以共同探讨深层次问题和分担痛苦的关系。

我们渴望亲密关系，是因为我们期盼被爱。她虽然嘴上说自己喜欢一个人生活，内心其实还是渴望被爱的。一直以来，她总是努力地活着，或许也是想听到母亲不再埋怨她的出生毁了自己的人生，而是感谢她的出生。她也希望男友说出："你也辛苦了，谢谢你陪伴在我身边，我爱你。"她想要证明自己并不是毫无价值和微不足道的存在，而是值得被爱的人。但是，无论多么努力，她都听不到这样的话，所以她感到精疲力竭，放弃了经营人际关系，并且以没有必要为由，试图通过自发地拒绝建立关系来保护自己。但是为了不受伤害而如刺猬般竖起尖刺，只会让原本想与她亲近的人都离她而去。

建造自己的高墙，并独居其中，的确可以让人在一段时间内感到舒适和安全，但也很容易让人觉得怅然若失，不知如何是好，进而变得沮丧，不论做什么事都了无生趣，感觉只是日复一日过着索然无味的日子。要想摆脱这种状况，必须承认自己为了避免受伤所做的努力毫无意义，必须自行拆除这堵墙，承认自己需要某个人，并且敞开心扉。世界上没有不会让人受伤的关系，人们唯有具备受伤的觉悟，并且鼓起勇气，才能靠近某个人，获得自己所渴望的爱。

为什么她觉得结婚后更孤独?

另一位来找我咨询的女患者告诉我，她在学生时代总是很讨厌回家，因为回到家后往往是独自把灯打开，然后做饭给自己吃。当时经营餐厅的爸妈每天都很晚回家，所以如果她累得睡着了，就一整天都见不到爸妈一面，这样的日子可说是不计其数。作为独生女，她很羡慕邻居的孩子可以跟姐妹们一起去逛街和看电影。特别是看到小男孩抓着一个哭红了眼的小女孩的手，说道："谁敢把我们家老幺弄哭？"看着那个气势汹汹的小男孩时，她也暗自希望有人站在自己身边。虽然她总是在爸妈面前表现出坚强的样子，但是每逢此刻，她内心深处满是孤单。

她开始梦想着与家人们围坐在一起吃饭、看电视，一起说说笑笑。所以她一遇到心仪的男人，就马上决定要结婚。然而，曾经说过会将天上的星星都摘给她的丈夫，后来每天都工作到深夜才回家。原本她自认为只要做好规划就可以马上生儿育女，但是结婚三年多来，肚子却一直没动静。后来，她好不容易出现各种怀孕的症状，结果却被判定为假性怀孕，这让她陷入沮丧之中。她以为结婚了就不会再感到孤独，然而，她的丈夫跟她爸爸一样忙，总是难得见上一面，能够让静悄悄的家里充满笑声的孩子也不曾诞生。她不停后悔着："如果是这样，我为什么要结婚？"然后，她逐渐失去笑容，最终患了抑郁症。

我终究是独自一人

我罹患帕金森病至今已经 18 年。几年前，有一次我光是半夜起床去上厕所，就花了一个多小时。曾经有段时间，我全身像被冻住一般僵硬而动弹不得，约莫就是那时候发生的事情吧！当时，卫生间的门明明就在我面前，只需要走几步就可以，但是我的身体却不听使唤。我试图喊出"救命呀"，却如鲠在喉，发不出声音。在深夜里，我没有办法叫醒已经沉睡的家人们，然而若是如此下去，我可能会尿湿衣服，于是我竭尽全力地移动着僵硬的身体。每跨出一步，我就必须停下来休息片刻，如此重复了好几次，才上完厕所。

我常常会因为忍受不了骨头的疼痛而在半夜醒来。这种时候应该翻身才对，谁知道那天我的身体完全不听使唤，所以我不得不大汗淋漓地忍受全身的疼痛。若是吃了药，我就可以走路，但是身体会不受控制地摆动；若是不吃药，我的整个身体会变得十分僵硬。我试图努力移动我的身体，但往往弄得到处是碰伤和瘀青，有时候胳臂会因此骨折而打上石膏，有时候则会造成下巴的撕裂伤而必须缝合。老实说，当我觉得痛苦不堪之际，曾经想要结束自己的生命。

我的家人分明都在我身边，但是没有人可以代替我承担这些痛苦。想想看，若非当事人，谁能说自己理解超过 20 分钟都无法迈出一步的痛苦？有谁能够理解疼痛得一夜无眠，只能等待黎明到来的感觉？即使家人想要代替我受苦，也只能表达心意罢了，所有的痛楚都必须由我自己承受。没人能体会到我究竟有多么难受，如果我不大声求救，没人会知道我正承受痛苦。当时，我才意识到人类是多么孤独。在疾病带来的痛楚面前，我完全是独自一人。

然而，我先生也是独自一人

回想起来，直到 2014 年因病情恶化而将医院关闭为止，我一直为络绎不绝的患者诊疗，参加学术活动、访谈、演讲等，忙得不可开交。当时，我很憎恨我先生。我们是双职工家庭，我先生却认为操持家务和照顾孩子理所当然是女人的事，这实在让我无法理解。因此，我们经常吵架。起初，我试图站在我先生的立场来想，但是随着争吵日益频繁，我们的关系不可避免地日益恶化。我先生不仅不会为我着想，甚至还责怪已经尽力而为的我，这实在让我忍无可忍。从客观的角度来看，明明是我比较累，我实在不明白为什么他认为他更辛苦。我甚至认为若继续相处下去，情况只会更糟，因而动过离婚的念头。

然而，在经历过罹患帕金森病那种生不如死的痛苦，彻底体会到人事实上是孤独的存在后，我开始用不同的眼光来看待我先生，承认说："嗯！这个人的确也很孤独。"我先生出生在一个贫穷的家庭，他小时候与父母分隔两地，未能得到父母好好的疼爱与照顾，因而有了自己的家庭后不知道如何去爱护子女。即便如此，看到他为了治好我的病而东奔西走的模样之后，我对他开始另眼相看。

我先生跟我生活在一起，其实也很痛苦，为什么我始终不想去面对这个事实？我先生显然在努力尝试，但是为什么我只看到且放大了自己的付出呢？我曾经想成为我先生此生最重要的人，期盼他能够更爱我，因而希望他凡事最先想到的不是自己，而是我。如此一来，只要他做出让我感到难过的举动，我就会非常失望。我们都有自己的独立人格，他也有自己的人生课题需要解决，但是我却因为他无法帮我分担压力而火冒三丈。一开始，我过度要求被爱也是个问题，因为我将无法满足这个期待的所有责任，全都归咎到他身上，我从未想过他也不过是一个孤单和笨拙的人。

然而，当我意识到身心的痛苦只是我自己的事，并且意识到人生终究要独自前行时，才开始将他视为一个独立的个体。然后，当我所开设的医院经营陷入困境时，我很感谢我先生每天三番两次打来问候电话。虽然有时我会因为他对我发脾气而觉得很委屈，但是能够有一位始终不离不弃，坚定地守候着我的伴侣，真不知有多么幸运。如果没有他，我怎么有办法忍受这些病痛至今呢？

所谓“爱就是彼此融为一体”，其实是一种错觉

努力想要与人变得熟悉，却又无法熟悉的感觉，不就是寂寞吗？人往往无法忍受孤独，我先生也是如此。所有人都是从母亲的子宫这个完美的世界里诞生，在不知寒冷、高温和饥饿，充满爱的环境中长大；然而，一旦脱离母体来到这个世界，磨炼就此开始。婴儿感到肚子饿或不舒服时，

如果没有人来帮忙解决，他就会通过哭泣来寻求帮助。婴儿会误以为自己仍然和母亲连为一体，大约到 6 个月大时，才会意识到自己跟母亲不是一体的，而是各自独立的，当母亲离开婴儿的视线时，婴儿会不开心，觉得自己被母亲抛弃了。在这个阶段，若是母亲能好好照顾孩子，孩子的不开心也会转换成充满希望，而不会受困于被抛弃的感觉。

然而，我们在潜意识里总是怀念着与母亲脐带相连的那些日子。所以，当我们感到孤独时，就会不由自主地想找人做伴。但是，人生在世，总有不得不独自一人的时候，也会遇到必须独自承担的事。不管你多有钱，不管你有多忙，寂寞都会降临。此时，为了克服孤独而刻意地努力其实反而不好，尽可能自然地接受孤独的来临吧。

通过与自己所爱的人见面来赶走寂寞，也是一种好的解决方案。不过，这并不意味着两个人在一起，就会怀抱相同的梦想，拥有一样的想法。事实上两个人可能对同一件事见解各异，我们越是相爱，就越会发现彼此的差异，当我们开始接受对方时，就会发现对方有着与自己完全不同的世界与灵魂。我们将会深刻地体会到，原本希望永结同心的人，终究是与自己不同的个体。那么，我们将会再次意识到，彼此都是各自分离而孤独的存在。

如今，我必须承认，任何人都是孤独的，即便结了婚，也是孤独的，跟不结婚一样孤独。而且，不论我多么爱他，我们都无法融为一体。即使再怎么试图理解，也有一些彼此不满意的部分。因此，有时我会感到伤心，有时对方会感到难过。然而一旦相爱，并且不断努力地彼此理解，双方就有机会继续成长。尽管对方与我不同，却愿意接纳我的一切，并且爱着我，对此若能深深地感激，爱情就能更加深远。婚姻生活幸福与否，并非取决于彼此是否能好好相处，而是取决于彼此能够承受多少不一致。或许这才是正解吧！

是什么让我们对人际关系感到疲惫？

我们在 Facebook（脸书）上最多可以添加 5000 个好友，如果达到这个数量，就不能再新增好友。虽然对一般用户而言，这是一个非常大的数字，但是实际上已经有很多人的 Facebook 好友达到了 5000 人。

除了 Facebook，人们还有很多其他在网络上交流的方式，各种通信软件的新消息提醒，已经多到影响工作的程度。这些消息中，非知道不可的信息其实屈指可数。然而，我们却很难将它们置之不理。

在手机通讯录中所储存的数百个名字中，以及在各种社交软件上的无数个朋友中，当你需要帮助时，究竟有多少人会伸出援手呢？曾经有一项问卷调查提出了这个问题，大多数人的答案都是 3~5 人。那么，其余的人对我们而言，是什么样的存在呢？

“拜托让我独自静一静”

有一个在 Messenger（微软公司推出的一款即时通信软件）上有大约 350 名好友的朋友说，他对搞好人际关系越来越感到怀疑。以往他看到日益增加的好友人数，也曾经沾沾自喜，不过后来他发现其中真正会联络的朋友，也不过 20 个人左右。美国纽约大学社会学教授艾里克·克里南伯格（Eric Klinenberg）针对这种情形曾经指出，经营人际关系要重视质量而非数量，想要以量来取胜是不切实际的。因此，这位朋友似乎正受困于“关怠期”。“关怠期”是“关系”与“倦怠期”合成的新造词，意指对于与新认识的人建立关系感到倦怠的时期。人在这一时期会觉得没有建立新关系的必要性，也拒绝努力去维持关系。所以，那些受困于“关怠期”的人，往往会逃避参加人多的社交聚会，甚至干脆选择独处。

近几年，像他这样抱怨因人际关系而感到倦怠的人越来越多。纽约大学社会学教授道尔顿·康利（Dalton Conley）曾说，现代人从早到晚接收大量的数据和信息，在工作和经营人际关系上耗费大量精力，能量被消耗殆尽，因此，下班后只想断绝所有的关系。试想，如果一个男人在公司里总是要看上司的脸色，努力地工作，那么当他筋疲力尽地回家以后，他会想怎么做？在他边吃饭边看电视，想要休息一下的时候，老婆却想要跟他讨论孩子的问题，孩子则希望爸爸陪自己玩。与此同时，有位朋友打电话来，问他聊天室的留言怎么都没有看，说是同学们好久不见，最近想要聚一下……20 分钟后，他突然接到公司的电话，说是某位组长的母亲去世，因此又急忙出门，赶去医院参加告别式。

很多人认为，为了取得成功，必须好好地经营人脉。从这方面来看，他的选择似乎无可厚非。但是，为什么被牺牲的总是最亲近的关系？日本小说家朝井辽在其直木奖获奖作品《何者》中，有一段话是对那些执着于建立人脉的人说的："在流通的东西才叫作'脉'。你好像参加了各种派对，但是在那种场合认识的人，你现在还在联络吗？可以出其不意地打电话给这些人，然后跑去见对方吗？他们真的称得上是人脉吗？"

一个人最多只能与 150 人维持关系

英国牛津大学演化人类学系的罗宾·邓巴（Robin Dunbar）教授在《社群的进化》一书中指出，即便一个人的社交能力再强，也只能与150人维持稳定的人际关系，并将此命名为“邓巴数”。他还指出，这里所说的150人，包括了在酒吧里偶遇，就算坐在一起而不请对方喝酒，也不会觉得不知所措的朋友。

他建立这一理论的基础，主要着眼于过去原始部族村落的组成人数大约为150人，而目前仍然居住在澳大利亚、新几内亚和格陵兰的原始部落的平均人数也是150人。根据此法则，一个人可以缔结的人际关系网中人数的上限是150。即使朋友人数超过于此，彼此也大多是不太熟悉而毫无意义的关系而已。

因此，对人际关系感到怀疑的人，在整理不必要及形式上的人脉时，应该牢记邓巴数，若是朋友数量超过了这个数字，其中存在毫无意义的人际关系的可能性非常高。然而，有些人在试图删除社交软件或手机通讯录中的联系人时，心里会过意不去，因而感到非常苦恼。但是，这种感觉只是暂时的，真的删除之后，心里反而会感到十分轻松。这就像有些无论如何也无法丢掉无用的东西的人，在闭着眼睛把不再使用的东西丢掉之后，立刻体会到生活变得简单的感觉。

清理掉那些不必要的关系

与无数人建立人际关系是一项不可能完成的任务，因为我们拥有的时间和精力都是有限的。如果你持续被一些不重要的人际关系所牵绊，就不得不疏于经营重要的人际关系。父母通常会说孩子是最重要的，但是每周与自己十几岁的青春期子女交谈的时间却不到 16 分钟。对于我们称为“独一无二的生死至交”的人，每年跟他们联络的时间，往往也不过几分钟。越是这种我们认为重要的关系，越是需要多花一些时间才对，然而，实际上我们反而是在次要的人际关系上花费了更多时间。

如果我们觉得人际关系就像工作一样，令人感到疲惫，可能是因为我们舍弃了真正重要的关系，而浪费太多的精力和时间去经营那些不必要的和形式上的关系。

那么，当我们试着整理自己的人际关系，而觉得心里过意不去时，首先应该考虑哪些是自己觉得重要的关系，以及该如何花费更多的时间和精力在这些重要的关系上。一旦我们下定决心要花更多的时间来经营重要的关系，不仅可以轻而易举地清理掉那些不必要的关系，还可以体验整理、维护关系所带来的快乐和亲密感，如此一来，我们就会感到幸福，并且充满活力，也不会被一些无关紧要的事情牵着走，而觉得元气耗尽了。

尽管如此，有时候，我们也会觉得所有的人际关系都很麻烦，甚至连整理关系这件事都很累人。遇到这种情况时，请不要害怕这种感觉，就随它去吧！这或许是因为你过于费力劳神，只顾着向前跑而没有片刻休息，因此大脑率先发出了警示。此时，好好地休息一下，就是最好的处理方法。

最亲近的人带给我们的伤害往往最大

当我们遇到一个心爱的人时，就会对对方产生一种不曾对其他人有过的期待。我们希望自己被对方视为一个特别的人，并且期望对方能够填补自己所缺少的东西，而让自己变得更完美。但是，这个期望太大了吧？在某一瞬间，期望就会变成失望，越是失望，我们对对方的埋怨就会越深，继而开始讨厌对方。我们对某人抱有很大的期望，就会将所有责任都转嫁到对方身上，当对方不顺己意时就会感到愤怒。我们总是认为如果对方真的爱自己，那么理所当然要做到某种程度，因此，一旦对方满足不了我们的期待，我们就会怪罪对方。

“你怎么能如此对我？”

这里所隐而未现的话是“如果你爱我”——如果你爱我，

就必须遵守承诺；如果你爱我，就应该打电话给我；如果你爱我，就必须记住我们的周年纪念日。因此，发脾气的一方，其实是怀疑对方的爱是否已经变质，而且希望听到对方说出依然爱着自己的话。

但是，如果你太过咄咄逼人，那么对方在忍无可忍之下也会大发脾气。由于彼此的关系十分亲密，也相当了解彼此的弱点，所以从些微的口角演变成一场不可收拾的大战，往往只是时间的问题而已。有时候，为了赢得口舌之争，我们甚至会去揭开对方内心深处的伤疤。原本是因为将对方视为最信任的人，所以向对方吐露了自己不为外人道的一些感到羞耻和尴尬的事情，最后却成为对方用来伤害自己的利器。所以，十分讽刺的是，对我们造成最大伤害的人，往往就是我们最亲密的人，因为亲密的人更清楚如何让我们感到痛苦。

这不是爱的证明

曾经有一对夫妇，妻子希望她的丈夫成为一名成功的医院院长，而不只是个住院医生。因此，她希望先生能够更积极地参加一些跟领导们交际应酬的聚会。但是她的先生希望更专注于研究和看诊的工作，担任行政管理职务和经营医院并不是他想做的事。然而，她却逼问他说："一个大男人，为什么一点上进心也没有？"由于两人始终无法缩小彼此之间的鸿沟，最后终于离婚了。

我们通常为家人或恋人做一些事情时，都会以爱为名，认为这些都是基于为对方好的心意所做出来的行为。然而，如果我们的所作所为，并不是对方想要的，还可以称之为爱吗?

我们想要控制自己心爱的人的意图，远超过自己的想象。我们口口声声说爱着对方，但是一旦对方不按照自己的意思来行动，就会大发脾气，甚至怨恨对方。上述那位妻子，也是希望她的先生能够依照她的意思来做，尽管他并不想成为医院院长。

有些母亲希望孩子去实现自己未能达成的梦想，也会说自己是为孩子好。这样的母亲只会给予孩子满足自己期待的爱，而不是给予孩子他们所需要的爱。当孩子想选择一条不符合母亲期待的道路时，母亲就会说"我是怎么把你养大的？"，并试图阻碍孩子做决定。孩子为了不被母亲抛弃，只好顺从母亲的意思，扮演着母亲的分身。但是，在孩子的内心深处，也种下了对母亲的埋怨和不满，不知所措时，他甚至会做出自残的行为。

我们必须对欲望和真爱加以区分。强迫对方去做他不想做的事，并不是真爱，只是一种自私地想要操控对方的欲望。而且，依照自己的偏好来驯服他人，也是一个无法实现的梦想。在这个世界上，跟我们完全一样的人只有我们自己，父母、恋人和孩子都不能成为我们的复制版。我们越是想要驯服别人，就越会绝望地发现，原以为与自己相似的人，其实与我们是如此不同。

完全了解一个人是不可能的事

我们总是希望自己所爱的人，能够完全了解我们。越是爱对方的人，在发现对方与自己不同、对方不理解自己时，越会感到悲伤。这就是为什么我们会说出“别人也就算了，你应该了解我吧？你跟我是同一阵线的啊”这样的话来。但是，再怎么相爱，对方毕竟不是我，都有可能误解我。例如我不过是因为阳光太强而皱了皱眉，他却误以为是自己做错了什么事而惹我不高兴。我就会问他说：“不会吧？你怎么可能会产生这种误解呢？难道你不了解我的为人吗？”因为对方的误解，我会感到无可奈何而怅然不已。如果我告诉你，全世界 60 亿人大都生活在这种抑郁感中，会不会让你稍微感到安慰？其实这个世界上每一个人都曾经被误解，无一幸免。

尽管如此，我们还是会期待所爱的人能够了解我们的内心。我们认为对方与我们最为亲密，也最了解我们，所以凡事不必非得说出口，对方就应该把该做的事情一一办妥。然而，这只是一种错觉。如果你不表达出来，别人又怎么会知道呢？因此，与其怀抱着不切实际的期待，然后一再感到失望而憎恨对方，不如鼓起勇气，老实地告诉对方，你究竟想要什么。

以一段普通恋人之间常见的对话为例。有个女生问她男朋友："明天晚上也要加班吗？"其实她内心想的是："明天是我们交往 1 周年的纪念日，晚上应该要碰面吧？"诸如此类的问题。她这么做不过是在考验男朋友而已。与其如此，不如老实地说出："明天是我们交往 1 周年的日子，晚上我们见个面，简单地庆祝一下好吗？"那么彼此误会的事情就会变少，吵架或争执的状况也能减少，不必无谓地浪费精力，还能减少受到伤害的情形。

真正爱一个人的意义

幸运的是，不需要完全了解一个人，只要无条件地接受对方的一切，我们就能爱上对方。

不过，真正的问题在于，全然接受对方的一切是一件知易行难的事。我们虽然心里明白，但是在面对无法控制的事情时，还是会感到沮丧、不安、愤怒和焦躁。假设前方的道路因为发生交通事故而堵塞，有些人对此会感到十分愤怒。但是，发脾气根本无济于事。不论我们多么生气，多么坐立不安，都不可能如愿地解决这个塞车的情况。爱情也是如此，无论我们多么焦急，心里有多么沮丧，我们所爱的人都会有一些难以改变的部分。

此时，我们需要如实地去接受那些部分。如果你硬要去调整它们，不仅无法将它们调整好，反而更容易对彼此造成伤害。原本是为了对方好，却做出了伤害对方的行为。越是遇到这种情形，就越要学会接受彼此的差异。比如父母认为为了孩子好所说的话，对于十几岁的青少年而言，往往就是一无是处的唠叨，若是唠叨一再重复，就会令孩子产生反抗心理。

不要试图费力气去把对方塑造成你想要的样子，而是要用温暖的眼神去守护对方。对方的思想和行为，都源自他所经历过的岁月，我们要包容他的过去，接纳他曾经不尽如人意的模样。唯有如此无条件接受某人的一切，才是真正的深爱对方。

人生在世最幸福的事情之一，就是我们可以不必隐藏任何事情，能够以我们现在的模样被某人所爱，以及爱上某人。承认对方与自己不同的事实，并接受彼此的差异，就是获得幸福的快捷方式。

不要再费尽心力，先保持距离吧

有一对交往多年的情侣，某天发生了严重的争执。原本只是微不足道的口角，不知不觉间演变成让彼此口出恶言而伤痕累累的争吵，而且一如既往，女主角转身离去而不再回头。男主角对此习以为常，觉得很快就会和解。

但是第二天，女主角面对男主角时，宛如对待一个陌生人。后来男主角才得知，原来她已经借助先进的技术，完全抹去了关于男主角的回忆。男主角看到女主角这样做，震惊之余也十分愤怒，决定如法炮制，跑去医院把两人过往相处的回忆全部清空。

“你总是这样，这么自私又冲动，一生气就任意放话。好啊，我也要彻底把你忘掉！”

所以，男主角也要把关于女主角的记忆一一删除。起初，他觉得很开心。然而，在抹除记忆的过程中，他开始想起彼此之间的美好回忆，于是心里产生动摇。他想起过去即便只是短暂分开，也会想念对方，突然明白自己其实深爱着女主角。

他回想起他们曾经并肩躺在结冰的查尔斯河上，深情款款地凝视着对方。还有比这更幸福又满足的时刻吗？于是，男主角大喊着：

“有人在吗？我不想抹掉这段记忆。停下来，拜托！”

这是电影《暖暖内含光》的情节，这部电影描绘了一对爱得轰轰烈烈的恋人，试图将彼此从自己的人生中抹除，然后才体会到真爱的过程。

如果男主角在想要删除记忆之前，就明白自己深爱着女主角，该有多好！我们经常像这部电影的男女主角一样，直到失去珍爱的东西之后，才了解到它的价值。这就是为何我们希望过无悔的人生，却往往后悔莫及。

追究是“对方的错”还是“我的错”无助于解决问题

一旦关系出现裂痕而内心受伤，我们通常会把责任推给对方。自认为相较于已经竭尽全力的自己，对方似乎并未付出太多的努力。当累积的不满爆发之后，我们就会大肆指责对方说：“都是因为你。”然而，怪罪他人并无助于解决问题，只会引来永无休止的争执。

斯坦福大学医学博士戴维·D.伯恩斯（David D. Burns）为了找出“什么因素会影响婚姻生活的幸福”进行了好几项研究，最后得出了令人惊讶的结果。他尝试了各种变量，例如年龄差异、收入差异、学历差异、有无子女、婚姻生活的长短、性爱频率、兴趣和家事分担等，发现这些都不是问题所在。影响婚姻幸福的最重要因素，正是“对方的错”。在填写夫妻关系表的受测者中，双方都怪罪于对方的夫妻，3个月后他们的关系会恶化。反之，那些不指责对方或想要改变对方，而是着重于改变自己的受测者，夫妻关系越来越好了。

这并不意味着你应该承认是“我的错”。自我责备将会引发内疚、焦虑、沮丧和自暴自弃的情绪。而且，当我们看到即便再努力，情况也未见改善时，会感到乏力，这也无助于解决问题。

讨厌某人，并且与他保持不和谐的关系，是相当可怕的。所以有人说：“这种人我根本连见都不想见。”甚至有人干脆与对方断绝关系，将对方排除在自己的人生之外。但是，即便一气之下与让我们感到不舒服的人断绝了关系，可以不再看到对方，我们内心依旧会留下伤口。当我们想起对方的时候，脑海中就会浮现出那些不开心的情景，当时所留下的伤口依然在内心深处的某个角落，时刻折磨着我们，很难摆脱这种不好的情绪。有些因为被老板欺负而辞职的人，甚至过了好几年之后，经过原公司附近，还是难忍不舒服的情绪；有些女人跟男友分手后，就不愿再去曾经跟对方去过的地方；有些人一听到一气之下绝交的朋友的声音，心情就会变得沉重，总觉得无法平静下来。过去累积的那些不愉快的记忆，变成锋利的剑，一直捅着自己的心。

在断绝关系之前，先保持心理距离

任何人跟一个自认为亲近的人，或是不得不亲近的人之间，发生了问题，都是相当痛苦的事。一旦心里不舒服，事情就不会顺利，跟其他人之间的关系也容易受到影响。一个老板如果与自己的爱人吵了架，第二天到公司上班时，即便努力地调整情绪，脸上的表情可能也还是很僵硬。下属会以为他们犯了什么错，而导致上司脸色不佳。姐妹之间发生争吵后互不理睬时，家里的氛围就会变得沉重起来。

如果不想断绝关系，难道除了痛苦地忍受这种关系外，别无他法吗？不是的，的确有方法可行，那就是在内心的伤口扩大之前，先保持一定的心理距离。

在不舒服的情境下，不立刻做出反应，而是先保持一段心理距离，就可以避免彼此情绪爆发至不可收拾，也能够制造出先退一步，以客观的角度来观察全局的空间。等双方气消之后再去沟通，就可以避免不必要的争执。

有人说，即使保持了心理距离，还是必须一直看到对方，这样只会让双方感到尴尬而已，这算哪门子解决方案呢？

保持一段心理距离并不意味着不再关心对方、不介意对方做了什么，而是即使感到难过，也会承认和尊重对方与自己不同的想法和意见。不会因为对方与我们意见相左，就排挤或批评对方，也不会想去改变对方。

因此，如果可以适当地保持心理距离，就不必断绝关系，也无须报复对方。从怨恨对方的情绪中抽离出来，让心情变得轻松，才有办法再找回平静。从这个意义上来说，保持适当心理距离是避免不必要的敌对状况，不让自己因受对方操控而消耗情绪的明智之举。

我曾经憎恨过我婆婆好长一段时间，这导致我睡不着觉。当我想起我婆婆时，就觉得胸口很闷，满肚子火。不过，有一天我恍然大悟："为什么我要因为我婆婆而毁了自己的人生？"我曾以为如果我更努力，我婆婆就会疼爱我。我很想获得婆婆的认可，然而，我婆婆非常不认可我，经常露出不满的表情。虽然我也试图理解她，但是终究无法如愿，在这个过程中，埋怨日益累积，变得越来越多。后来，我决定不再试图理解婆婆，而是接受她永远不会改变的事实，然后开始跟她保持情感上的距离。

例如，吃完晚饭，我通常会削水果给家人吃。以前，我都会坐在旁边一起吃水果。但是，后来我就会说："妈，请吃水果。我现在肚子不太舒服，先回房休息了。"然后我就回房间去做自己的事。我很自然地逐渐减少与婆婆相处的时间。虽然对其他人而言，这可能不是什么大不了的事情，但是对于身为媳妇，受制于必须竭尽全力侍奉公婆的观念，认为即使经常被挑剔也必须待在婆婆身边的我而言，真的需要鼓起相当大的勇气。因为我和婆婆住在一起，所以不管我喜不喜欢，每天都得面对她。

然而，很神奇的是，随着我跟婆婆之间的距离日益增大，我的情绪波动受她的影响越来越小。我下定决心，只尽媳妇该尽的本分，争取更多属于自己的时间，集中精力做我自己的事。以前只要我婆婆随便说了些什么过分的话，我就会怒不可遏，但是我现在会回答说："是，是。"然后继续专心忙我自己的事情。由于心情变得从容不迫，所以不知不觉间，我也能够安稳地睡上一个好觉了。

保持心理距离并不代表漠视对方

很多人会认为，保持心理距离就是与对方隔绝，并且漠视对方，其实这样的做法反而无法消除紧张。因为如果看到对方因为我而略显拘束，我就会感到内疚，觉得自己是个坏人；如果对方觉察到我的变化，态度却没有丝毫改变，我就会生气，这样依然是情绪随着对方起伏。

我所说的“距离”是指对方与我之间的“尊重”，是指承认对方与我不同的事实。因为尊重对方，我就不会想去批评或批判对方，也不会试图去改变对方。换句话说，我不会想要依照自己的想法去操控对方，而是尊重对方的选择和决定。

进行精神分析的时候也是如此。不能因为患者的价值观和理念与我不同，就随意地批评或轻率地要求患者改变，即便是患者自找麻烦而造成令人惋惜的情形，也应该尽可能多地倾听患者为什么这么想，这才是所谓的尊重。

保持适当的心理距离也意味着我尊重你，希望你也要尊重我。既然我不想操控对方，那么对方显然也没有权利来干涉我。我曾经在某本书中看过这么一段话：

在发生于我身上的事情和我对此的反应之间，存有一个空间，在这个空间之中，我有选择的能力和自由，在选择之中，存在着我的成长和幸福。

在我十分憎恨我婆婆的那段时间里，我觉得痛苦不堪，因为在这个不和谐的关系中，我觉得自己真的无能为力，而且日复一日，我每天都必须面对我婆婆，这简直可怕极了。所以我不断受伤，伤口也越来越大。然而，其实我并非什么事都做不了，我有能力跟我婆婆保持情感上的距离。因此，当我保持距离之后，同样的批评就伤不了我。然后，很神奇地，我在与其他人的关系中也不再被牵着鼻子走，而是变得有更多的主导权。于是，我与之前判若两人，连跟以前不太喜欢的人也能够相处得很好。最重要的是，我变得更开心了。

希腊哲学家第欧根尼（Diogenes）曾说，待人如待火，只要保持靠近时不会被烧到，离开时又不会结冰就好。如果希望彼此受到较少的伤害，不受人际关系困扰，那么请保持距离。两个人之间有距离，从来就不是件令人遗憾的事，而是会让彼此感到自由和开心的事，如果你曾经有所体验，就会明白这一点。

你我之间所需的最佳距离

当我们从远处眺望森林时，会觉得树木是密密麻麻地生长在一起的。然而，当我们走近一看，会发现树木与树木之间是有一定的距离的。

我一直很好奇为什么树木之间会保持距离。后来有一天遇到一位研究树木的学者，经由他详细说明才得以解惑。原来树木生长需要阳光，就必须向旁边伸展。然而，若是树木彼此太靠近，无法获得更多的阳光和水等，横向发展将受限于空间，无法长出更多的树枝和树叶，也无法让树木都变得更强壮，结果每棵树都会长不好，很细弱，如此一来，将无法承受狂风而倒下，因此树木之间要保持一定距离。

刺猬的两难

人与人之间需要保持距离，一如树木之间为了让彼此都能顺利地长成大树而保持适当的距离。然而，如果我们对一个亲密的人提及希望彼此保持距离时，对方或许会产生一种误解："你嫌我很烦吗？""你不再喜欢我了吗？"因此，关系越是亲密的人之间，越难谈及想要彼此"保持距离"，因为一不小心可能就会对彼此造成深深的伤害。

然而，越是关系亲密的人之间，越需要保持适当的距离。任何人都渴望依赖某人，但也都希望独立自主，这两种需求会同时存在。虽然人人都想去爱人和被人爱，并且因此获得幸福，却不希望因为这种关系而损及自己与众不同的主体性或独立性。

问题是当我们越偏向亲密和距离感中的某一边时，就会离另一边越远。而且，在人际关系中所产生的失望及挫折，通常始于一方想要靠近一点，而另一方想要保持距离。当有人靠近自己时，我们通常会本能地后退一步，因为任何人都有一个不希望被别人侵犯的空间，也就是"私人空间"。人们在搭乘客满的电梯或拥挤的公共汽车时，会因为所有人几乎紧贴在一起，无法确保有属于自己的私人空间而感到不适。

想象一下，假使对方太靠近我，那么我可能会以为他想要完全依赖我或管束我，我由此会感到害怕。假使我想要保持距离，一个人自由自在地生活，那么对方可能会担心被独自抛下。因此，保持一段靠近也不会受伤，疏远也不会感到孤单的距离，其实对彼此而言，都不是件容易的事。

哲学家亚瑟·叔本华（Arthur Schopenhauer）曾借用刺猬的行为来解释这种两难的困境。在冬天，刺猬为了借彼此的体温取暖而互相靠近，但是离得太近时，又会被对方的刺扎伤。受伤的刺猬为了保护自己的身体会后退，但是寒冷使它们再度相互靠近。因此，刺猬就不停地靠近又退开，来来回回地移动着，试图找到一种既可以感觉到彼此的温暖，又可以避免被刺伤的距离。

你我之间的最佳距离

首次提出私人空间概念的美国人类学家爱德华·T. 霍尔（Edward T. Hall），在《隐藏的维度》一书中，谈及 4 种类型的人际距离区，他提出了人们与不同关系的人相处时所需距离的具体数值。

第一种是亲密距离区，是 0cm~46cm 的距离，这是产生分享爱意、互相安慰、给予保护等行为的距离。在这一距离区内，相较于听觉，触觉或嗅觉等感觉是更主要的沟通手段，这是诸如家人或情侣之间，彼此关系最为亲密的距离。因此，当一个不是那么亲近的人突然侵入这个距离时，我们会感到紧张和焦虑，觉得自己受到了威胁。换句话说，这是自我防卫的最小距离，是不能随意侵入的。

第二种是个人距离区，是 46cm~1.2m 的距离。这是害怕接触对方的人彼此之间需要保持的距离。这原本是瑞士知名动物学家海尼·海第格（Heini Hediger）博士所使用的术语，指的是人与人之间大约保持一只手臂的距离，也就是伸出手可以碰到对方四肢的距离，通常出现在与朋友或感觉差不多的亲近者的关系之中。相较于亲密距离区的肢体接触，属于这一区的人主要通过对话来沟通，在拥有适度亲密感的同时，也需要维持某种形式的礼仪。当彼此有轻微的肢体接触而靠得更近时，若对方神态自在，则可以产生好感。

第三种是社交距离区，是 1.2m~3.6m 的距离，这是超出了人的可支配范围的距离。除非借由特别的努力，否则在这个区域内的人不会触及对方，甚至也不会期望与对方接触。这一空间主要适用于非个人的业务，具有正式和官方性质。由于不允许涉及私人问题或产生肢体接触，因此在对话时，也必须遵守适当的规矩和礼貌。在公司的办公室或在宽敞的空间放置桌子，进行小型会议或聚会等皆属之。

第四种是公众距离区，是 3.6m~7.5m 的距离，此为个人和公众之间的距离，需要夸张的声音和非语言交流手段，如手势和姿势。诸如老师与学生，演员或讲师与听众之间，在演讲和上课时所需的距离。

爱德华 · T. 霍尔在提出这四种人际距离区时还强调说，由于文化或个人差异，距离可能略有不同。比如在韩国，与人初次见面时，询问对方“结婚了没？”“有几个小孩？”是一种问候的方式；然而，在西方文化中，这却是侵犯个人隐私的、很不礼貌的问题。再比如，在韩国，公司同事往往以“一家人”来彼此称呼，对于个人的私生活也毫不顾忌地询问，在其他一些国家并不如此，这也是很大的文化差异。

本书中，我们主要想讨论的是上述 4 种人际距离区中的亲密距离区、个人距离区和社交距离区，因为我们人生中最常见的人际关系，都属于这 3 种距离区之内，若是能好好处理这 3 个距离区的关系，人生将会更完美。如果家人的关系不如朋友，彼此只能相对无言，那将是非常痛苦的事。在最亲密的关系中，彼此却相当疏远，这分明是有问题的。相反，如果有朋友硬要说：“我们之间不能有任何秘密。”那他基本上就是忽略了距离。

那么，我们与家人、恋人、朋友及同事之间，究竟应该保持怎样的距离，才是最好的呢？我们要怎么做，才能通过人际关系感受到幸福，并且获得个人的成长呢？我们在现有关系中，需要抽离什么？又必须填补什么呢？

保持距离的魔法

肯定有一种最佳距离，不会让人因为过于亲近而受伤，也不会因为太过疏远而感到孤单。然而，我们往往就像刺猬一般试着彼此接近一两次，便因受伤而感到痛苦，不再试图改善彼此的关系，因为我们担心会再次受伤。但是，如果我们不能做好受到伤害的心理准备，就无法与任何人变得亲近，也无法得到我们渴求的爱。

为了我们所认定的最有价值的东西而活的方法是什么？那就是让我自己变得像水滴、玻璃一样透明。这是一种不欺骗自己，也不怕被别人看透的状态。曾经这么做的人都知道，这是相当令人胆战心惊的，因为这是我们可以做到的极限。如果做到这个程度还是不行，那就表示这件事情真的不可行。然后我才意识到勇气是来自不断颤抖的身体所产生的力量。

这是韩国小说家金延秀在《说话不算话》一书中所写的一段话。保护自己，以及我们在人生中所重视的东西，是需要勇气的。但要鼓起勇气远比想象中困难。如果试着保持距离，却让彼此变得更加疏远，关系反而更加错位，那该有多令人难过。但是，请试着勇敢一次，保持距离并不是变得疏远，而是意味着彼此尊重，因为借由保持距离，我们将得以喘息，也会明显地体会到关系变得更好的感觉。

在亲密关系之中保持距离，虽然意味着尊重对方的选择，但并不是指忽视对方的所有举动，对对方漠不关心。若是我们所爱的人真的走错路，我们应该阻止他，并告诉他为什么不应该走那条路。不过，最后的选择权还是在他手里。无论对方做了什么选择，我们都会永远守候着对方，这才是真正的保持距离。因此，即便可能再次受伤，也要试着鼓起勇气，一起学习、使用保持距离的方法。

现在，在你和他之间保持适当的距离吧！两人之间的合适距离，将会使双方感到自由，又彼此想念。那么，即使独自一个人，你也会很开心，两个人在一起，你也可以很幸福。

第2章

那些让你我之间互相折磨的事情

害怕被抛弃：你不再是一个无助的孩子

“如果他开始讨厌我，然后把我抛弃，该怎么办？”

被抛弃是指一段关系被单方面地结束。在这个简短的句子中，充满了让我们讨厌和害怕的话语。大多数人对于被抛弃这件事，都会充满恐惧。很多人为了避免被抛弃的悲惨状况发生，会在不知不觉间将对方推开，在对方抛弃自己之前，先甩开对方。然而，这无异于为了避免未来的不幸而放弃现在的幸福。

在可能被遗弃的恐惧背后，隐藏着自己不值得被对方爱的自我贬抑与自卑感，认为自己如此寒酸、微不足道，如果自己靠近别人，别人就会纷纷走开。这种恐惧将会成为人与人之间建立长久的人际关系或是彼此相爱的巨大障碍。所以那些过于害怕被抛弃的人，往往无法亲近自己所爱的人，总是只能单恋别人。他们因为害怕告白被拒绝，所以干脆就不告白。

有些时候我们会不断测试我们所爱的人为了我们可以做到什么程度。从一些简单的要求，慢慢变得强人所难。问题是，就算对方达到了那些要求，我们有时还是会继续怀疑对方，并且不会停止测试。然而，我们并不知道自己做出这样的举动是因为害怕被抛弃，而这种极度的不安全感会让对方感到厌烦。在谈恋爱的时候，我们会因为自己日益增加的不安及疑心而无法好好恋爱。有些人会不断地怀疑而导致对方离开，有些人则会一直更换对象，只能建立不正常的关系。很多在被抛弃之前就离开一个女人，再去找其他女人的花花公子就属于后一类型。

他们过于恐惧被抛弃，所以根本无法与人建立亲密关系。但是他们并不知道一个事实，那就是别人并不会因为他们被拒绝，就认定他们没有被爱的价值，只会觉得是缘分未到，或是时机不对而已。

5 岁及以下儿童最常见的想法（表现）是什么？

事实上，对被抛弃的恐惧近于本能。0~5 岁儿童最常见的想法（表现）是什么？答案很令人惊讶，居然是“我会不会被父母抛弃？”之类的苦恼。他们想方设法地博得父母的关注和爱护，其中任性和哭泣也是“努力”的一部分。如果父母无视自己的任性，或是哭得很伤心也得不到父母的安慰，那么孩子会认为“也许父母不喜欢我吧？”“如果父母不照顾我，把我抛弃怎么办？”，并加深自己的不安全感。事实上，人类是出生后，若无人照顾就难以生存下去的脆弱物种。其他动物在出生后几天，甚至是几个小时之后就能自行去找奶喝，或者是找东西吃，但是人类至少在出生后的 3 年内都需要有人在身边殷勤地照顾，像吃饭、洗澡、穿衣服这类基本的生存技能，都需要较长时间才能学会。因此，一旦保护和关爱自己的对象消失，而独留自己一人时，儿童会本能地感到十分恐惧，害怕被抛弃后会濒临死亡。

此时，照顾者有责任消除孩子的恐惧。在婴儿 7~8 个月大的时候，母亲必须待在身边，孩子才能安心，就算母亲离开一会儿婴儿也无法承受，这就是所谓的“分离焦虑”。分离焦虑会持续到 3 岁，最严重的情况是孩子在母亲去洗手间的时候也会哭，所以母亲只能带孩子一起去洗手间或者是将门打开。如果母亲总是对孩子做出反应并且给予安慰，孩子就算独自玩耍，也会相信妈妈不会逃走，而是会一直在自己身边，也就是会加深基本信任感。

越懂得拒绝，人际关系反而会越好

与父母没有基础信任关系的孩子，会按捺住自己的欲望，去做父母期望的事，并且害怕不那样做就会被父母抛弃。他们认为只有满足父母的条件才能被爱，例如好好念书、做好父母交代的事、照顾好弟弟妹妹等。在这样的孩子心中，除了父母，其他人可能也会由于他们犯了一点错误，或是表现不好，而讨厌甚至抛弃他们。

这种类型的孩子，长大以后也无法轻易拒绝别人的请求。拒绝是要表明自己与别人不同的意见，他们害怕由于拒绝别人而造成一段关系的结束，所以就算是朋友的拜托或是同事的请求会让自身陷入困境，他们也无法说出“做不到”这样的话来。

对任何人来说，拒绝都不是一件简单的事。因为无论如何，这都不是一种愉快的体验。有时候，被拒绝的人会怨恨并讨厌对方；拒绝的那方，也会因为担心自己是否太自私而感到内疚。但是大多数的拒绝，只是意味着不同意某项具体的提案或行动，不是否认对方本身。比如朋友邀我吃晚餐而被我拒绝，可能是由于我已经有其他邀约；同事请我帮忙写提案书而被我拒绝，可能是因为最近我自己的事情都多到必须加班。所以被拒绝的朋友会认为“原来你也很忙啊”，很快就会忘记这件事，同事可能也会想：“知道你忙成那样，我还提出了无理的要求，真是抱歉！”然而，那些不懂得如何拒绝的人，认为一旦拒绝他人，就会发生很严重的事，害怕对方会讨厌自己且不想再看到自己，所以花费诸多心思去完成对方的请求，甚至将自己该做的事往后推延，唯有如此才放得下心。

但是，为了满足别人而让自己陷入困境，并不是正确的做法。在不得已的情况下答应别人的请求，不仅会让自己感到心烦，还会埋怨对方，可能根本没办法处理好答应别人的事。因此，从一开始就拒绝无理的请求才是正确之举。如果是那种拒绝一次就会断绝的关系，无论我们怎么努力，有朝一日都会结束。不过，在拒绝的时候，应该好好解释一下，尽量不让对方感到不悦。如果你无法说出拒绝的话，那么不要那么快就允诺别人，例如可以说“我会查一下详细的工作日程再与您联系”等，先争取一点时间。

那些害怕拒绝别人的人，心里总是会期待：“如果我接受别人的请求，别人应该会更喜欢我一点吧？”他们认为如果自己尽力而为，至少不会被抛弃。但是，如果你任何事情都不懂得拒绝，对方反而不会感谢你。甚至如果你某一次拒绝了他，他就会大发脾气。因此，无论是基于什么原因，都不能让别人任意对待自己，也不能让别人强迫自己去做不正当的事。从这个层面来看，拒绝其实含有自我尊重的意义，这是为了让自己免于接受不正当的要求。

人们更喜欢那些明确而郑重地说“不”的人。无法拒绝别人而持续被对方牵着鼻子走的人，会让对方怀疑是否任何要求你都能答应。然而，如果是一个善于拒绝的人，一旦他答应帮忙，你会觉得他是真心诚意的，并且十分感谢他。所以越是懂得拒绝，人际关系反而会越好。

如果你仍然像个单凭自己的能力，无法去做任何事情的新生儿一样，十分害怕被抛弃的话，那么请仔细想想。如今你已不再是一个无助的孩子，而是个成年人，有足够的能力来保护自己，所以没有必要为此而胆战心惊。不需要为了讨人喜爱，而竭尽全力、战战兢兢地去做好每一件事。去做一件过去因为接受别人的不合理要求，而被自己推延的事吧！你应该更专注于自己真正想做的事情，你所渴望的不过是别人能够爱那个真实的自己，现在请把这份爱留给自己。

关于金钱：你可以借给好朋友多少钱？

下班前夕，度过了一个无聊下午的智淑接了一通电话。手机另一头传来她最好的闺密成熙啜泣的声音，说是先生的公司即将破产，不知是否可以商借 3500 万韩元（约合人民币 18 万元），还说公司现在有一个洽谈中的合同，如果谈成了，一个月内就会还钱，并且问她不久之前定存是不是到期了。不知如何回答的智淑，对朋友的紧急情况无法置之不理，就把钱借给了对方。

但是，原本以为会签的合同泡汤了，说会还钱的日子也一拖再拖，转眼间超过了 4 个月，智淑虽然了解她朋友的难处，但是她自己因为筹办婚礼需要用钱，只好硬着头皮打电话给成熙，对方却不停地要求再给一些时间。结果好友之间一瞬间就成为催促还债的债权人和请求宽限一点时间还钱的债务人的关系，这让智淑感到十分难过。她真的是因为要办婚礼，才不得不催促朋友还钱，因而对于借钱不还的朋友感到不满。

人们有时候想知道彼此之间的亲疏程度，会聊到有关金钱的话题。“如果好朋友向你借钱，你可以借多少？”然后，大家苦恼了一会儿之后，分别说出自己所想的数字。每当我听到这种聊天的内容时，都感到十分担心，因为将金钱与人际关系扯在一起，是非常危险的事，例如，智淑和成熙的多年情谊就因为 3500 万韩元而疏远了。但是，3500 万韩元就可以证明彼此是真正的闺密吗？如果只能借对方 1300 万韩元或 650 万韩元，难道就不算是朋友吗？

人们对金钱往往有双重标准，一方面羡慕富豪，另一方面又为无法挖苦他们而焦急不已。资本主义社会中几乎没有金钱无法解决的问题。没有钱，首先就无法生存，必须有钱才能好好做人及维持生计；如果十分富有，甚至将拥有支配他人人生的庞大权力。

迄今为止，我从未设定过必须赚多少钱的目标，我不希望过被钱牵着鼻子走的生活。我并不富有。我和出身贫困家庭的丈夫结婚后，还因为没钱而寄居在娘家生活了 3 年。后来开始奉养公婆及抚育 2 个孩子之后，如果夫妻两人不同时工作赚钱，根本无法养家糊口。幸好我们在克勤克俭之下，运气不错地买到房子，终于喘了一口气。当我的医生老公告诉我他要创业时，我坚决表示反对。我告诉他说："如果我爱钱的话，当初就不会嫁给你。"而且我们当时只要努力工作就可以过足以安享晚年的生活。所以我很担心创业的决定过于冒险，因为并非所有的创业都能够保证成功，如果失败的话，岂不是又要过被金钱摆布的人生？这让我感到十分不安。

但是，当我发现自己罹患帕金森病时，由于庞大的医疗费用，我无法再阻止先生创业。在他扩张诊所的过程中，我也看到他好几次因为遭到背叛而为钱奔走的模样。当我经历这些时，目睹了金钱如何操弄人，也明白了有的人在金钱面前，是那样阿谀奉承和卑躬屈膝，没有钱会让人感到多么悲伤，以及金钱多么容易破坏人际关系。

若想在资本主义社会中立足，金钱至关重要。但是，无论有钱没钱，我都不想过受金钱摆布的人生。如今，听到想结婚至少需要 3500 万韩元，想要培育一名子女至少需要 3.5 亿韩元（约合人民币 180 万元），退休之后，夫妻两人的养老生活至少需要 4.3 亿韩元（约合人民币 225 万元）的话，许多人都为之却步，因为相较于所需的资金，我们所拥有的钱财远远不够。但是，越是如此，我们越需要树立明确的金钱观。不论是否有钱，我们都必须确认自己想过什么样的人生，才不会被金钱所左右。有些人即使要花 3.5

亿韩元，也希望能够养儿育女，有些夫妻即使没有 4.3 亿韩元以上资产，也过得很幸福。相反，有些人即使拥有上亿资产，也不想生孩子，有些夫妻即使拥有千亿资产，生活依然不太美满。

若是不想成为金钱的奴隶，有几件事情相当重要，首先是经济必须独立，也就是成为自给自足的人。如果你完全依赖某人而活，就会不可避免地成为对方的附属品。无论他对你多么不公平，你都无法反抗，因为你离开了他就无法生存下去，所以只好牺牲自己的自由和权利，对他唯命是从。许多长期做家庭主妇的人，就是因为自己没有能力赚钱，所以必须依赖丈夫生活。然而，家庭主妇其实也承担了经营家庭的责任，负责抚养小孩及操持家务，她们理应要求拿到自己应得的份额，并且有权利享受生活。

上了年纪的父母将他们的财产都交给处境困难的孩子，也是非常危险的事。如果父母把所有的钱财都给了子女，当然希望子女会照顾他们，子女却不见得能做到。英国大文豪莎士比亚说过，如果父亲衣衫褴褛，孩子可能装作不认识；如果父亲穿金戴银，孩子全都成为孝子。就算孩子有意愿照顾年迈的双亲，也有可能经济情况并不允许。因此，即使准备将钱财给孩子，也必须留下足够让夫妻两人赖以维生的钱。

最重要的是，如果你想过不受制于金钱的生活，最好不要向人借钱或把钱借给别人。否则，你可能会像智淑一样，同时失去金钱和朋友。然而，人生在世，偶尔也会出乎意料地遇到需钱救急的人，当你在苦恼可以借出多少钱的时候，要先了解可以承受有借无还这种冲击的额度有多大。也就是说，只借出你肯为了朋友而损失的额度，唯有抱着这笔钱可能要不回来的觉悟，才可以避免彼此的关系破裂。万一你没有借给对方他所需额度的钱，导致对方埋怨说“我们的关系竟然不过如此”云云，你也绝对不要心软，因为如果对方真的是一个好朋友，就不会强求这种单方面的牺牲。

关于愤怒：希望你每次发怒之后，都不会后悔

现今社会中，随着心理学知识的日益大众化，一些容易误导人们的观念也开始泛滥。最典型的例子就是关于情绪表达的错误观念。“如果你忍住不发火，就会生病。如果你把脾气发出来，气就消了。所以无论如何，要把自己的感受表达出来。”

那些接受这种心理学知识的人，往往认为自己有权利对那些招惹自己的人发火。此外，还有一些人宣扬，人生只有一回，应该尽情享受当下，随心所欲地过日子，如果不这样做，未来势必会后悔。

愤怒使你我之间变得疏远

如果发脾气就是把愤怒的情绪原封不动地爆发出来，

其实是非常危险的。所谓的愤怒，是指某种期待或欲望无法满足时产生的失控反应。这里的关键词是“失控”。愤怒具有瞬间毁掉眼前所有事物的可怕威力。某个患有愤怒调节障碍的患者因为非常生气，甚至在高速公路上就打开车门跳了下来，因为他跟驾车的爸爸起了冲突，无法抑制怒气，结果做出如此冲动的行为。

任何人都会愤怒。发脾气就像快乐或悲伤一样，都是非常自然的情绪。因此，没有理由认为愤怒就是修养比较差的人才会有的感受，并且因而感到丢脸或是觉得应该避免愤怒。所有的感受都是我们内心传达的讯号。所以，当你愤怒的时候，应该深入了解自己为什么会这么愤怒。

但是将愤怒的情绪用言语来表达，或是付诸行动，则是另一回事。沸腾的怒火会让人瞬间失控，不仅伤人，甚至还会伤己。而且，愤怒还会引发更多愤怒。如果受到批评时无法理性地加以响应，最后，彼此就会像发疯似的，毫无节制地互相抨击，甚至说出“我再也不想看到你”这样的话来。结果，多年以来积累的情谊就在一夕之间化为乌有。

为什么我们总是为细枝末节的事情生气？

人们倾向于认为自己是特殊、珍贵而善良的人。如果有人针对这样的自我印象进行攻击，人们就会产生愤怒的情绪，此即所谓“自恋的愤怒”。当别人贬抑我们的成就，或是说我们的坏话、不给我们所渴求的爱时，我们就会生气地说：“你凭什么看不起我？”一个自信心很弱的人，往往只要受到非常小的伤害，就会大发脾气。明明对方只是一时不留神，没看到所以才没跟他打招呼，结果他却觉得自己被忽略而生气；其实只是因为对方在开会而没有办法接他的电话，结果他却认为对方是故意躲他而发火。即使对方并非故意如此，但自卑感作祟，人们往往无法看清楚实际情况。

我们不妨回想一下自己是否也有上述经历，我们坚持认为这种情况应该按照自己的意愿来做是否合理。这个世界原本就不会依照我们的个人意愿来运行。我们会感到愤怒，其实是因为对对方有所期待，但是每个人都有权按照自己的方式来行动。所以，仅仅因为对方不合我意，让我看不顺眼，就对他发脾气，这样一来，只会让彼此的关系日益恶化。而且，在这种情况下，我们往往会认为自己被对方忽视，结果受伤的反而是自己。因此，当你生气时，必须好好想想，自己是否只是对那些永远无法改变的部分感到愤怒。这样，即使对方做了一些不合你意的事情时，你也不会失去理智，仍然能够客观地去看待这种情况。

懂得好好管控脾气者，人际关系也比较好

你生气了吗？每当此时，情绪总是难以控制。所以，首先你应该让自己消消气。面对冲突矛盾的情况时，你可以暂时退后一步，去散散步，聆听自己喜欢的音乐，让自己平静下来。如果能够学会自己调整情绪，那么未来遇到这种情况，你也能够在不太激动的状态下解决问题。

然后，接下来你必须考虑是什么让你心烦意乱，并且仔细想想怎么做才是解决问题的最佳途径。因为无论对方如何激怒我们，我们都没有权利随便对他发脾气。古希腊哲学家亚里士多德曾说，任何人都可能发脾气，这是很容易的事；但要针对正确的对象，以适当的程度，在正确的时间，以正确的目的及正确的方式来发脾气，却是件难事。

即使需要花费一段时日，我们还是需要找到正确的方法，因为我们并不是想与对方恩断义绝，而是希望未来彼此仍然可以保持良好关系。所以，我们必须尽可能地尊重对方，告诉他为什么我们会生气，以及我们认为什么是不妥当的事。此时，最好只聚焦在那些让我们感到生气的言语或行为上，并且最好使用“我希望你能这么做”的说法，而不是用批评的口吻说“你应该这么做”。例如，与其用批

判的口气说“你应该多帮我一点忙才是”，不如以期待的口气说“如果你能多帮助我就好了”。如此一来，既不会伤及对方的自尊心，也可以温和地传达出自己的想法。画出界线也是一个好主意，如果对方的言行举止有一部分令我们无法容忍，应该告诉对方，并请对方尽可能不要那样做。

如果你学会了好好管控脾气，那么即使与人争吵，也不会走入极端，而能够有信心地做出更好的选择，如此一来彼此的关系也可以变得更加亲密。

关于期望值：请不要为了满足他人的期待而活

这是我之前在韩国的国家精神病院（现已更名为国家精神卫生中心）工作时所发生的事。有一天，一个学妹非常开心地跑来找我。我问她怎么回事，她说是因为她负责照顾的患者病情快速好转了。我对着满心期待着被赞美的她说："不要高兴得太早。上升的飞机可能即将坠落。"学妹听了噘着嘴质问我为何这么说。

不久之后，患者的症状突然恶化，学妹因为无法接受这个事实而难过不已。

这是大多数精神分析治疗的新手医生都会经历的事之一，也就是陷入所谓的"救赎幻想"，亦即相信借由自己的努力治疗，患者的病情会逐渐好转，终将痊愈。我也曾经像我学妹一样，甚至还因为患者未能好转而自责，并且苦恼不已地向学姐问道："我如此努力地治疗患者，为什么他没有好转？这是我的问题吗？”学姐告诉我说：“金医生，在患者的人生中，还有像你这样认真倾听他心声的人吗？就是因为没有这样的人，所以患者才会来找你呀！这就够了，不要以为患者可以依照你的意思来做，即使你竭尽全力，结果如何也还是把握在患者手中。”

我这才了解到，医生无法随心所欲地改变患者。如果患者本人没有想要好转的意愿，无法自我改变，无论医生怎么努力都没有用。从此之后，我也告诉学弟学妹们，不要将患者想象为希腊神话里的皮格马利翁（Pygmalion），可以随心所欲地加以雕琢，精神分析治疗的目标，只是尽可能地减轻患者的痛苦，而不是改造患者。

试想一下，如果有人说要帮助你，然后对你说：“你这样做错了，要改正才行。”那不是会令人反感吗？即使是为对方着想的事，对方是否遵从，决定权都在他自身，我们都必须尊重他。

人际关系也是如此。并不是我全心全意地去爱对方，对方就一定会爱上我。不管我做得如何尽善尽美，他都可能不爱我，这是无可奈何的事。孩子也可能不如我所愿地长大成人，这也是无法控制的事。但是如果因为爱一个人，就希望对方按照我的意愿来行动，期待对方满足我的所有需求，就会发生问题，因为对方会在不知不觉中产生负担感。

有一天，我偶然看了一档叫作《英才发掘团》的电视节目，里面有个孩子引起了我的注意。这个孩子说他很喜欢做练习题，但是当他解不出导演所出的题目时，立刻皱起了眉头，显得十分痛苦，接着突然躲进衣柜里，在衣柜里不停地敲打自己的头。见此情况，妈妈忙着安慰他，导演也问他理由，但是这个孩子始终都不想离开衣柜。妈妈后来实在看不下去，带着他去找精神科医生，医生问他："听说你很会读书，可以告诉我，你最拿手的科目是什么吗？"孩子回答说："我会算乘法，也会混合运算，但是只有加法和减法的混合而已。"6 岁的孩子会乘法和加减法混合运算，应该会感到十分骄傲才是，为什么他会回答说不过如此而已呢？医生问他为什么，孩子回答说："我认为我应该可以做更了不起的事。"

医生又问："你为什么想做更了不起的事呢？你现在就很棒了呀！"

孩子答道："我想让别人看到我做得更棒。"

这个孩子想让别人看到自己表现优异的一面，但是又担心自己做不好。他觉得如果答错了，自己就不是妈妈心中的聪明孩子了。医生问他做练习题是否真的很有趣，他答道："我并不想做，但是妈妈说如果我不做她会很失望、很失望。"他反复说了两次"很失望"。医生问孩子是否知道失望这个两个字的含义时，他回答说："让我举个例子看看。就像有一个人约另一个人在晚上 9 点见面，结果其中一个人迟迟没有出现，另一个人就会感到很失望。”当医生想要进一步跟孩子多说一些话时，孩子转过身去，望着窗户流下了眼泪。于是医生对这个不想让妈妈失望的孩子说：“比起你有没有答对问题，我更想知道你的心情好不好？”结果孩子听完就号啕大哭起来。

这位妈妈并没有催促孩子读书，但是每当孩子答对问题时，她都会很开心，当别人称赞孩子时，她就会很高兴。妈妈越是如此，孩子就会产生不能答错问题的强迫观念。这个表面上喜欢解题的孩子，内心其实总是因担心妈妈对自己感到失望而颤抖不已。

适当的期望会让人心情愉快，产生进步的驱动力。过度的期望却会带来负担，结果变成这件事无论自己喜欢与否，只为了取悦对方而做。所以这个孩子只不过是一道题没有解出来，就躲进衣柜不肯出来，其实也不是无缘无故的举动。

不过，问题在于什么程度的期望才算合理。我们愿意去做能让对方开心的事，其实是因为觉得跟对方很亲近，或是想要更亲近他，所以我们不知不觉地怀着“如果我这样做，他会很开心”的期待。然而，期望越大，失望也会越大。如果对方未如期待的那样感到开心，那么我们可能就会难掩失望地说：“我这样做究竟是为了谁？”即便我们很清楚这种期待让人很难受，但是往往不会理性地看待它，并且认为自己的期望是出自善意。然而，越是如此，我们越应该先想想对方是否想要我们这么做。

节目中的这个孩子其实并不喜欢做练习题，只是为了讨妈妈开心而做。站在妈妈的角度来看，她从未强迫孩子读书，只是认为孩子很会解题，所以鼓励他继续去做这件事。当然，妈妈心里也认为，假使孩子学业成绩优异，将来可以去念一所好大学，对孩子会有好处。即使她佯装并无此意，但还是希望孩子的人生依照自己的规划来走，并且认为这样才是好的。所以她不会对孩子说出“如果你不喜欢，可以不要解题”这样的话，也不会询问孩子的感受。最后，妈妈因为任由孩子在这样的强迫观念下受尽煎熬而悔恨不已。

我们若是认为所爱的人一定也会喜欢自己喜爱的东西，那绝对错了。即使是默默地要求对方依照你的意思来做，也绝对不可以。此外，当对方不符合你的期望时，或许你会感到失望，但是不应该责怪对方。因为这是你无法左右的事，所以只能接受它，这才是真正做到了尊重对方。

在任何情况下，我们都应该尊重对方，而不是期望对方按照自己的意思做。我们必须牢记一个事实，那就是未能顺着自己本意，而是为了满足别人的期望而活的人生，是不幸福的人生。

过去的伤痛：过去的不幸不代表一辈子都如此

我看诊时，常常觉得坐在我面前的患者，好像穿着航天服似的。那些童年受过重创的人，由于过去的伤口大到让他们无法承受，他们现在对小小的伤口也很敏感。为了保护自己免遇现实中的危险，他们就像穿上了航天服，阻绝了所有外部的刺激，唯有这样才能感到安心。

不幸的是，与“航天服”连接的“氧气瓶”充满了过去的点点滴滴。因此，有的患者虽然活在现在，却沉浸于过去的时光，活在以往的伤痛之中。他们为了避免受伤而穿着“航天服”，却无法真的摆脱创伤。不过，他们也没有勇气脱掉“航天服”去面对现实，因为无论别人再怎么强调说没关系，他们还是认为外面的世界充满了危险。

有些患者虽然不会穿上“航天服”，却试图抹除过去的记忆——因为以往的伤口痛彻心扉，让人难以承受，所以为了摆脱它，干脆选择完全抹去这些记忆。他们抹去了不开心的童年，甚至扭曲了记忆，对别人说“我们家很和睦”。然而，过去的伤口依然存在。像这种埋藏在内心的未能解决的痛苦回忆，总有一天会以某种形式爆发出来。尚未解决的过去将会成为“未完成的经验”而侵蚀着现在。

年幼的孩子显然没有能力去保护遭父亲殴打的母亲；因为不是儿子而遭到冷落的女儿，也只能紧紧抓住母亲苦苦哀求；面对不能容许丝毫错误的父亲，孩子也只好在战战兢兢的情境中成长。但是，孩子一旦长大成人，情况就会改观，与孩提时期无力抵抗，只能逆来顺受的情形截然不同。他将可以压制住那个只要一发脾气就把所有东西砸烂的父亲，她可以在重男轻女的母亲面前宣布独立。因为成年人已经不再是没有父母就无法做任何事、微不足道的个体了。

不幸的是，来找我的患者们通常并未正视自己已经长大成人的事实。他们仍然以孩提时期的创伤没有人会在意为借口，紧紧锁住自己的心房，始终停留在当年那个孩子的状态。其结果就是人格不再成长。当然，那个内心的小孩也不断努力地想要摆脱痛楚。他们会尝试回到过去的状态，把曾经让自己受伤的记忆抹除，或是想让过去的情况以不同的方式重现，借此来克服创伤。但是，由于那个内心的小孩依然试图以过去的方式来解决问题，所以不但问题没有化解，反而徒增痛苦。我们总是不知不觉地重蹈覆辙，便是这个缘故。

我们必须仔细想想，为什么自己总是会爱上相同类型的人，频频在人际关系中犯下类似的错误，甚至即便自己喜欢的人释放出善意，也会拒人于千里之外。从表面上来看，可能有很多原因，但关键是内心那个受伤的小孩。若是如此，我们就不该一直对那个内心的小孩说“如果你遇到别人就会没事”，而是应该帮助这个内心的小孩说出痛楚何在，并且帮他在伤口上涂药。唯有如此，他才能够摆脱过去的创伤，全心全意地去爱人与被爱。如果我们因为过去的痛楚而错过了眼前的爱情和幸福，那不是很冤枉吗？

无论幸福与否，过去的事已经过去。即便过去曾经有人让你承受了莫大的伤痛，现在的你也没有理由认为自己注定不幸。许多人虽然过去曾经遭遇挫折，却能摆脱过去，跟不错的人共同谋划未来。也就是说，就算过去不快乐，也不意味着现在和以后就会过得不幸福。因此，埋怨那个伤害你的人，将所有问题都归咎于以往的经历，其实是相当愚蠢的事。这么做并无损于那个伤害过你的人，只会让你自己更加受伤而已。现在你需要做的，就是脱掉“航天服”，面对过去的创伤。

有一天，当某位患者终于面对自己的伤口，并且自我治愈时，突然有感而发。他说过去总是以为从他们家走到公交车站需要 1 个多小时，其实只不过 10 分钟而已。当他还是个孩子的时候，总是被人嘲弄，所以他只要走出家门，就很担心会被人欺负，因为光是走在路上，就是一件令人害怕的事，即便不过短短 10 分钟的时间，他也觉得好像过了 1 小时那么久，因为那段经历实在太可怕了。然而，或许诚如他所言，那些让他害怕的记忆，不过是 10 分钟的事情而已。他笑着说出这段话的愉悦神情，我至今仍记忆犹新。

比较的泥淖：不要将赢过别人当成人生目标

“你不能做得像你哥哥或姐姐一样好吗？”

“我朋友的儿子性格很好，能力也很强，在公司颇有前途，你为什么是这副德行？”

人生是不公平的。许多人就是含着金汤匙出生，在条件优越的环境中成长的。但是，让我们更难过的是周围那群优等生。因为那些功课好、运动能力强，样样精通的兄弟姐妹，以及无忧无虑且才华出众的妈妈的朋友的小孩，总是让我们相形见绌，成了劣等生。这样的比较之下，让人变得畏缩及抑郁，这就是我们讨厌被比较的原因。

为何人们总是不停地比较呢？无止境地与他人比较的心态，来自我们希望处于比别人更具优势的位置，我们想确保自己比他人更受喜爱和认可。

从这个角度来看，比较心理几乎可以说是一种本能。

婴儿无法用自己的力量去做任何事情，而他的兄姐们不但个子比较高，还可以随心所欲地做很多事。所以婴儿本能地会羡慕并嫉妒他的兄姐们。同样，兄姐们第一次看到婴儿的反应也是满心羡慕，甚至嫉妒。因为刚出生的弟妹突然抢走了母亲的怀抱和乳房，夺走了整个家庭的爱与关注。在人生的旅程中，会有无数的比较不断地磨炼着我们。

然而，我们口头上说讨厌比较，在制订人生目标时，又会自然而然地进行比较。如果你认为自己理所当然地想要听到自己比别人更强的话，绝对不想听到自己不如人的话，就代表无论如何你都站在比较优势上，并且有着优越感。

体验过优越感的人，某一瞬间就会陷入比较的泥淖之中，并且相信证明自己价值的唯一途径就是向人炫耀自己有多么了不起。对于那些摆出一副“你现在知道我有多厉害了吧”的样子而不可一世的人来说，其他人只是竞争者，只是能为优秀的自己鼓掌叫好的观众而已。

这些人往往习惯凡事都要比较，即使是十分琐碎的事务，也要与他人竞争，还会为了无关紧要的事情悲喜交加。对他们而言，比较是非常自然的事，而真正自信心强的人则不会这么想。首先，自信心强的人并不会将赢过别人当成人生目标。对他们来说，比较不过只是事情的结果。况且，他们光是为了完成自己既定的人生目标，就已经忙得不可开交，所以不明白为什么要拼命去跟别人比较。他们认为花费精力去比较，对自己的人生毫无帮助。此外，对他们而言，其他人是可以信任和合作的伙伴，而不是必须战胜或歼灭的对手。因此，并非每个人都想拼命地跟别人比较。

自信心弱且自卑感强的人，也会通过不停地跟别人比较来确认自己是个相当不错，而且值得被爱的人。然而，与体验过优越感的人不同的是，他们越是比较，越会感到沮丧。因为他们即便在比较中获胜，也有可能很快被超越。此外，比较也会引发自卑感。本来自信心就已经很微弱，越是比较越是发现自己有更多不足之处，反而让自己深陷自卑与自我贬抑之中。所以，陷入比较的泥淖是非常危险的事。精神分析学家阿尔弗雷德·阿德勒（Alfred Adler）曾说："一个低估自己的人，会经常与他人做比较，结果反而让自己感觉更糟。"

那些陷入比较泥淖的人即便成功也不会开心，因为他们不仅与别人比较，也与自己比较。他们会因为担心下次能否成功而备受煎熬，比如，考试得到了第一名的时候，他们会担心如果下次没有得到第一名怎么办；语文考试得到高分，他们会把数学成绩不好挂在心上；他们往往学业成绩优异，但是缺乏社交能力……一旦去跟更崇高的理想与自我来比较，就会徒增痛苦。

而且，那些陷入比较泥淖的人，不知道如何停止比较。他们早已在不知不觉间习惯做比较。为了停止比较，首先必须摆脱自己的价值取决于他人评价的想法，也就是说，要认识到自我的价值并不是别人可以随意认定的。此外，并不是每个人都擅长一切。因此，我们应该消除那种只会羡慕和嫉妒别人的心态，然后仔细看看自己的优点，并努力保持。如果我们一直担心自己的缺点，只会让自己陷入自卑而裹足不前。而当我们培养自己的优点时，会产生自信，自尊心也会增强，然后逐渐走出比较的泥淖。

随着自我满足的经验增加，陷入比较的痛苦就会减少。人生的目的并不是领先别人，而是能够有更多体验、更快乐，变得更幸福。

独立或依赖：为何你对于寻求帮助有所顾忌?

几年前，我的一个学妹打算离开公司，听到我赞同她提出辞职后，很开心。然而，当她提出离职申请时，上司们问她究竟遇到什么困难，说会给她加薪，并依她的愿望为她调换部门，央求她留下来。她进退两难，独自苦恼了好一阵子后，她才小心翼翼地向朋友吐露自己的烦恼，她的朋友也耐心地听他倾诉，然后当作自己的事情一样为她提建议。“这个问题我们这么解决如何？……”朋友的话让她突然觉得很感动。她认为这个问题理所当然是该独自解决的，所以当她朋友说出“我们”这两个字时，让她觉得十分感激。于是我问学妹：“为什么你认为必须独自做决定？”

学妹用疑惑的目光看着我。她认为自己的事情当然要自己决定才对。我问她：“如果听到‘我们’这两个字，就让你觉得很感动，表示你真的很疲惫。为什么之前你都没有告诉任何人这些事呢？”她淡淡地说，大家的生活都如此忙碌，她不想因为自己的事情而让别人担心。

为什么人们不擅长寻求帮助？

现代社会中，家庭成员为了赚钱而各自奔忙，至于在工作场合，别说有人保护我们，一旦自己能力不够，还有可能遭到鄙视的眼神。因此，每个人都必须摸索出自己的生存之道。人们非常厌恶周围那些麻烦制造者，甚至在连续剧或电影中，如果有某个演员饰演的麻烦制造者被当成全民公敌，就代表着该部作品已经得到大众的认可。

过去，每次女主角处于危机中时，只要男主角突然出现，并且救出了她，观众就会欢呼不已。但现在若是女主角因为强出头被敌人抓住而陷入危机，观众就会说这是个“爱抢戏的女主角”，并且心生厌恶。观众更喜欢那种自力更生又独立自主地去化解危机的角色，这也意味着人们将依赖别人视作一种相当糟糕的行径。

为什么人们会认为依赖很不好呢？为什么人们觉得一个独立自主的人，是健康和理想的典型呢？因为人们认为寻求别人帮助就是缺乏自行解决问题的能力。在寻求帮助之前，必须承认自己能力不足，而这是让人感到丢脸的事。

所以，寻求帮助会让一些人觉得自尊心受损。甚至有人认为显露出自己的缺点以后，自尊可能会被践踏，所以干脆就不去寻求帮助。

但是，想想那些领导者。他们不仅不认为所有的事都应该自己做，而且不会为此感到羞愧。对他们来说，最重要的是快速发现他们自己不能做什么，并找到一个优秀的人来处理这部分事情。当他们向别人寻求帮助时，并不会觉得丢脸，而是认为只要向对方支付适当的酬劳即可。如果领导者凡事都要亲力亲为，反而很容易搞砸事情，因为这个世界上并没有人能够做好全部的工作。

为了生存，人类不可避免地需要彼此。为了让自己活下去，某种程度的依赖是不可或缺的。依赖本身并不是件坏事，成问题的是依赖性过强或太弱。

不要将独立与孤立混为一谈

有些人非常害怕依赖。他们认为，当自己依赖某人时，就会成为对方的奴隶，受到对方的控制，最后将会失去自我，所以无法依赖他人。这种类型的人大多数都是自信心太弱。

自尊是一种情感，来自确信自己可以在任何情况下保护自己的信念。在任何情况下，我们都是自己生命的主人，我们的人生由我们自己来经营。因此，一个自尊心强的人，并不会害怕依赖别人，因为他对自己充满信心，有把握不会迷失自己。相反，一个自信心太弱的人，由于担心失去自我，会害怕依赖他人。

因此，一个真正独立而坚强的人，并不是凡事都自己完成，绝不依赖别人的人。相反，他愿意暴露自己的弱点，并且认为自己需要他人的帮助。因为他们认为表现出依赖性无损于自己的独立性。

那些害怕弱点被别人发现的人，绝对无法开口求援。他们总是说："我的问题，我自己解决。"然后婉拒别人的帮忙，试图自行解决问题。但是，我们不应该把独立和孤立混为一谈。独立并不意味着不需要别人，断绝所有关系只是孤立而非独立。

独立是在关系之中能够自立。当然，自行解决问题并没有错。但是想要靠自己解决所有问题，则是相当不理智的，这才是真的浪费时间和资源。当你费尽心力依然不得其解时，最好尽快向周围的人寻求帮助。唯有如此才能缩短解决问题的时间，并且避免事前未能想到的错误，防患于未然。如此一来，也可以朝着自己所期望的成功和目标迈进一大步。

假设你遇到苦恼的事情，试着去寻找你的人生导师。被称为“导师”的人，通常意味着拥有被认可的能力，而且乐于助人。在开展新业务时，多去拜访该领域的前辈也很重要。无论他们成功与否，多听听前辈的话，尽可能取得更多的信息，再来下结论，就可以做出更明智的抉择。对于那些觉得去拜访导师很有负担感的人而言，阅读相关书籍也是一个好方法，因为可以在几个小时之内，就获得各个领域的专家们经过长年苦思之后所获得的结论，真是棒极了。

人们有时会感到孤独，但是事实上并不孤单。如果你环顾四周，肯定能够找到援手。而且，令人难以置信的是，也有些人迫切希望你伸出援手。虽然我们很容易把所谓的帮助想得很伟大，但大部分人需要的只是一句温暖的话语、一个关爱的眼神和一个静静的拥抱。人生前行，需要凭借的就是如此简单的施与受。

第3章

对我而言最重要的不是你，而是我自己

为何你那么想得到认可？

每个人都希望得到别人的认可，想成为一个对他人有意义的人，想在别人的生命中扮演重要的角色。这是一种非常自然的本能。

然而，现代人过早地学习了必须被他人认可才能生存的法则。随着核心家庭的迅速发展，儿童过早就离开父母或家庭，被丢入社会环境中生活。不到 1 岁就交给保姆或育儿机构照顾，除了上幼儿园外，还要去上各种才艺班。换句话说，孩子过早就经历了主要照顾者不断改变的情况。在这个过程中，孩子会认为唯有和父母亲及其他人相处融洽，并且好好表现，才不会被抛弃。父母每天也都会问：“今天有被老师称赞吗？”“跟朋友们有好好相处吗？”“课堂发言表现得好吗？”因此，孩子在不知不觉间会认为获得他人肯定是非常重要的事，并认为自己应该脱颖而出，且绝对不能受到批评。

因此，如果父母能够陪伴孩子的时间相当短暂，一定要告诉孩子“做不好也没关系，你已经是个相当棒的孩子了”，或者要让孩子体会到被爱的感觉。如果父母唯有在孩子很听话、功课很好的时候才会称赞他，孩子就只会选择符合父母心意的事情去做。此外，孩子也会试图以父母所关心的事情为目标，竭尽全力去做，至于父母所讨厌的事情，甚至连试都不想试。孩子们这样做，无异于从一开始就放弃了去检视自己的内心，寻找自己梦想的机会。

他人的认可和掌声，随时都会消失

然而，孩子做得再好，都不可能完全满足父母的高度期待。最后，孩子会觉得自己不过是个让人失望的存在，以负面的观点来看待自己，造成令人遗憾的后果。

在这种状态下成长的人，由于未曾以自己原本的样子被爱，而是以别人所喜欢的模样为典范，拼命地让自己呈现出别人所喜欢的形貌，他们甚至认为自己想要什么并不重要。在他们看来，只有比其他人更杰出、更有魅力、更会做事，才会受人尊重。他们的内心都隐藏着一个因小时候未能充分被爱而受伤的孩子。为了被爱而把自己的未来寄托在别人身上，为了满足别人的期望而硬是去配合别人的想法，仿佛若是没有获得别人的肯定和喜爱，就永远无法成为幸福的人。

对他们而言，“这就够了，你已经尽力了”这样的话，并不足以安慰他们。他们应该无条件成为最杰出的人，获得众人的认可。因此，他们十分执着于成功与否。领先别人不过只是努力工作所得到的结果，他们却把它视为唯一的目标。他们如此渴望成功，因此也同样害怕失败。不过失败一次而已，他们就“玻璃心”碎满地，认为自己一无是处。而当今社会中，站在镁光灯下的人如凤毛麟角，其余的人从某种程度来说都可以算是失败者。

而且，当我们称赞别人的时候，通常也是羡慕他人拥有的能力、智力、才华都胜过自己一筹。因此，别人给我的赞美和掌声，随时都有可能转移到另一个人身上，因为我们无法总是发挥最佳的能力、展现全部才华。但是，对过度依赖赞美和掌声的人而言，即便赞美和掌声只是暂时消失，他们也会陷入极度的绝望。这种人就好比需要从外部供给燃料的蒸汽火车头，列车的速度取决于外部煤炭的供给量，如果加入了大量的煤炭，火车就可以快速前进；倘若煤炭减量，列车的速度就会变慢；一旦停止供应煤炭，列车就会静止不动。问题是，别人的认可和掌声随时都可能消失。那么，他们将会处于不实的假象中，时常感到焦虑不安，结果就是徒留虚妄的躯壳。

为什么我觉得做整形手术令人感到遗憾？

有一次，我担任了某个电视谈话节目的嘉宾。当时有一名妇女坦承她对自己的鼻子感到自卑，并且在整形手术后获得了许多信心。一位整形外科医生就说幸好如此。但是我的想法却略有不同。我认为通过整形增强自信固然值得开心，但是这样也许会错过获得真正的自信的机会。因为每个人都希望以自己的本来面目被爱，并且通过这种爱来强化自信心。如果我们接受了整形手术，将会永远错过这种以自己的原貌被爱的机会。或许目前对鼻子的自卑感会消失，但是这种自卑感转移到另一部分的可能性极高，届时，就不得不再去做其他部位的整形手术。

那些过度依赖他人的表扬的人也是如此。任何人得到其他人的认可，都会产生自信，而且不知不觉地认为自己已经成为一个更好的人。但是，如果只是一味地依赖他人的肯定，努力地想要展现出别人所期待的模样，那么最终将会失去自我，变成不为自己而活，而是按照别人的想象而活的躯壳，一旦赞美和掌声转移到别人身上，自己将一无所有。

此外，这种必须具备某种条件，或者再多做些什么才能够建立的人际关系，势必会令人感到疲惫。对于那些渴望得到认可的人而言，他们希望得到别人的赞美，同时也会因此饱受煎熬，因为在这种关系中，无法产生真正的爱情或友情。所以我们必须先放下唯有获得别人的肯定，自己的存在才有价值的想法。如果连自己都不爱自己，认为自己没有价值，那么即使得到别人的认可，也会觉得自己似乎必须再多做些什么，最终陷入痛苦和焦虑的恶性循环之中。

如果你觉得自己直到目前为止，都是为了获得别人的称赞，而比其他人更努力地做到尽善尽美，那么首先应该好好鼓励一下自己，因为这不是任何人都做得到的事情。如果这样的努力让你在瞬间陷入绝望的泥淖，那么请将它视为应该逃出这种假面人生的信号。你真正想要的东西，不是必须付出更多才能得到的爱。曾经有位患者告诉我，当他似乎能够不再在乎别人的目光时，觉得真是“轻松极了”。同时，他也列出了一些至今未能为之努力，但真正想实现的愿望的清单，并且对自己一直搁置这些梦想感到百思不得其解。如果你觉得自己无法从别人的视线中解脱出来，那么我建议你先列出自己的愿望清单，至少这将成为让你了解自己过去究竟错失了什么的宝贵机会。

这绝对不是我的错

每个人都有失误或犯错的时候。如果因此伤害了别人，当然应该道歉，并且无论如何都要试着弥补对方的损失才行。但是，有些人除了自我反省外，还会过度苛责自己，总是跟自己过不去。

例如，孩子就读的幼儿园发生火灾，导致孩子受了伤，显然幼儿园应该负主要责任，但是有些母亲却只责怪自己将孩子送到那所幼儿园。再如，有一位先生发生了意外，婆婆对她的儿媳说："这都是你造成的。如果没有像你这么倒霉的人嫁到我们家，这种事情也不会发生。"如果儿媳因为事故与自己全然无关，所以生婆婆的气，那是十分正常的。但是如果她认为"这完全是我的错"，并且像个罪人似的低下头来，就是过度自责了。

为什么我认为一切都是我的错？

内疚是比愤怒更令人痛苦的情感。法国精神分析大师雅克·拉康（Jacques Lacan）认为内疚感是“感觉自己内在有第三人称的存在”。想象一下，即便我本身已经忘记，但是还会有另一个我出现，提醒我自己是多么丢脸和可耻，这是多么可怕啊！这种内疚感一旦产生就很难摆脱，它会让人不断地折磨自己，认为自己就应该受到惩罚，而且会自我束缚，觉得自己就算获得了幸福，未来也会遇到麻烦。

我在之前出版的书中曾经提过，我有一个大我 1 岁的二姐。与非常害羞和安静的我不同的是，我二姐在各方面都很出色，总是众人注目的焦点。所以，我很羡慕我二姐，同时也埋怨她。我常常觉得，如果没有我二姐，大家就会关注我了。所以我曾经希望我二姐能够消失。

然而，在我高三那年，我二姐真的死于交通事故。这件事对我造成了巨大的冲击。我认为由于我曾经希望她死掉，她才会遭此横祸。这份内疚感导致我无法好好地发泄二姐的死带来的悲伤情绪，后来发展到对任何事情都无法感到开心。我不顾家人的反对，决定去念医学院，某种程度上也是想借此来偿还对二姐的亏欠。而我决定嫁给穷人家出身的我先生，也是希望通过这样的牺牲和奉献减少一点自己的内疚感。这样的情绪跟随我很长时间，摆脱这个枷锁真的比想象中要困难许多。

在精神分析治疗过程中，经常可以看到因为内疚而感到十分疲惫，并且出现负面治疗反应的患者。他们认为自己即便接受了治疗，病情也不应该好转，因为自己是一个该受到处罚的人。内疚感就是这样一种枷锁，一旦你成为它的奴隶，就会习于这种困顿又痛苦的情形，认为自己罪有应得，唯有如此才能够减轻一点内疚。

怎么做才能摆脱内疚的枷锁？

无论我们多么内疚，都永远无法改变过去。内疚的人常常想要改变过去，希望让他们后悔的事情没有发生，但都是徒劳的。当我意识到无论我怎么内疚，怎么折磨自己，我二姐也无法死而复生时，我才能够承认我二姐的死，并且感到悲伤，走出阴霾。

人生中总有一些不可避免的事情和无论你怎么努力都无法改变的状况，你必须接受这个事实。如果你日复一日地被过去的痛苦所牵绊，觉得唯有自己受到折磨才能释怀，那你就大错特错了。如果你因为过度内疚而觉得生命失去意义，感到非常害怕，希望有人拉你一把，那么我想告诉你，那些事情并不是你的错，所以你可以停止内疚了。

当你为自己做出选择时，不要感到抱歉

大部分人多少都有些自卑感，对自己有些负面评价。根据韩国某一网站去年一月针对 20~29 岁的人所做的调查，40% 的受访者表示他们的自信心很弱。

或许正因如此，我在公开场合演讲时最常被问到的问题是："所谓的爱自己，究竟是什么意思呢？"

很多人对"爱自己"充满疑惑并且想知道具体的方法。的确，"爱自己"并不如想象中容易。

以我自己为例。小学的时候，我很害怕上学，因为我觉得自己个子很矮，长得不漂亮，功课又不好，应该不会受其他孩子的欢迎。而且，后来我成为一名学业成绩优异的好学生，却仍认为自己是不受欢迎的。

这或许是因为我从小在家里就是一只丑小鸭吧！我二姐不但脸蛋长得漂亮，功课又好，是个人见人爱的小孩，

而我则完全不受重视。我一直被拿来跟我二姐比较，因此也经常听到别人说我长得不好看。

所以我曾经很自卑，觉得自己简直一无是处。每当有人说应该爱自己，责备我为什么做不到时，我都无所适从。我有办法接受这样的建议吗？所谓的爱自己，是用几句话就可以解决的吗？

因此，当我看到深陷于过去的伤痛而无法自拔的患者，见到无法克服自卑而自残的人时，无法轻易地对他们说我能懂他们的心情。因为对他们而言，痛苦仍然是现在进行时，而不是过去完成时。

阻挠你的最大敌人，或许是你自己

虽然每个人都会受到伤害，但是并非任何人都会因为受伤而一蹶不振，感到绝望而埋怨世界。大多数无法摆脱创伤的人，都比其他人经历了更多负面的事情。他们始终持着悲观的态度，即便跟其他人经历相同的事情，也会对事情做出负面的评价，甚至对正面的事件也会产生负面想法。如此一来，就没有值得高兴的事，全都是令人不愉快的事了。

乐观的人，正面思考和负面思考的黄金比例是 1.6：1。

而那些无法摆脱创伤的人的正面思考却会被负面思考驱离。他们总是想，“人活着真的好累”“我好脆弱”“我的人生无法如我所愿，简直一塌糊涂”“我讨厌我自己”……他们否定自己存在的意义，认为自己是毫无价值的人。

那些对人生持负面态度的人，每当面临新挑战时，都会迅速做出“我不能做”的决定，因为他们认为这是保护自己不再受伤的唯一方法。由于担心自己会摔倒而受伤，他们不会骑自行车；由于害怕被抛弃，他们会拒绝一场新恋情。由于害怕会失败，他们错失了很多机会。

然而，只要活着，不管我们如何期望，都会发生不愉快的事情，这就是人生。无论一个人能力再怎么强，再怎么努力，都没有办法完美地阻止伤害的事故发生。他们认为自己建造了一堵墙，可以避免受到外界的伤害，但事实上只是制造了禁锢心灵的牢笼。所以，或许那些无法爱自己的人，最大的敌人就是自己。他们说自己无法相信这个世界，那是他们不相信自己的缘故。

自信心弱的人最大的错觉

那些总是自贬的人，最大的误解就是觉得凡事必须都处理妥当，必须更加努力以取得成功，才能被爱。10件事中，即便他们做好了 9 件，也会一直想着没做好的那 1 件，并且自责说：“为什么我这么糟糕？”就算周遭的人告诉他们说：“做到这样已经很棒了。没关系啦！”他们也完全无法释怀。他们希望呈现完美和理想的模样，不断地鞭策自己。如果这些努力没有得到别人的肯定，他们就会陷入自我贬抑的泥淖之中。

但是，那些自信心强的人，真的就很完美，并且懂得爱自己吗？不是的，世界上没有完美无缺的人。每个表面看起来完美的人都有不足之处，只是自信心强的人不会为自己不完美感到羞耻。他们认为自己虽然有些欠缺和做不好的部分，但仍然是值得被爱的人。他们不会隐藏自己真实的样子，也不担心自己的弱点被发现，即使自己微不足道，仍然珍惜自己的人生，即便走在陌生的危机重重的道路上，也无所畏惧，堂堂正正地迈步向前。

“是的，那就是我”

当患者接受治疗时，有一个信号能显示出他们正在抚平创伤。这个征兆会出现在他们脸上。即便不是很漂亮或很英俊的人，一旦他们脸上散发光芒，看起来就会很有魅力，而且整个人仿佛脱胎换骨。每当此时，他们就会说：“是的，那就是我。”

当你察觉到潜意识中的伤口，并且找到伤口的根源而重建记忆，可以毫不隐藏地展现自己时，就可以说出“是的，那就是我”这句话来。这是你可以接受伤口也是自己的一部分，并且变得平静的开端。然后，你将不再受制于过去，可以活在当下。唯有如此才能活出自己的人生。

如果能够像这样认识到自己的“本来面目”，将会发生令人惊讶的事。无论别人说什么，你都不会再任人摆布。当你试图隐藏自己的弱点，因害怕自己的不足之处被人发现而提心吊胆时，会显得很卑微。然而，当你愿意承认“对，那又怎样！”，而且将原本想要隐藏的弱点都原原本本地显露出来时，你就会无所畏惧。小说家阿兰·德波顿（Alain de Botton）在《亲吻与诉说》一书中写道：

我明白了。总而言之，所有的事情在某种程度上，都是“那又怎样”。今天该做的事情还没完成，那又怎样？汽车卖不出去，那又怎样？没什么钱，那又怎样？父母似乎不怎么爱我，那又怎样？你知道这是什么意思吗？这是一种解脱的心情，是我重新看待这个世界的方式。

一名治愈的患者问我：“接下来我该怎么办？”我笑着

对她说："做你想做的事吧！虽然过去曾经主宰着你，但是从现在开始，你才是自己人生的主人。做出最符合自己心意的选择，这就是接下来你要做的。"

世界上最珍贵的人是我，不是你

传奇的时尚设计师可可·香奈儿（Coco Chanel）曾说："虽然大家嘲笑我的穿着打扮，但这就是我成功的秘诀。我就是与众不同。"

任何人都想成为镁光灯的焦点，但是并非每个人都可以成为主角，若想成为主角，就必须欣然接受被赋予的重担，并对自己的所有选择负责。害怕承担重任而选择逃避的人，永远无法享受闪耀着光芒的人生和胜利。摆脱过去创伤的患者们意识到，如果他们不想被别人掌控，就必须主动去承担自己的责任，若能乐意承担人生的重任，就不会再试图模仿别人的人生，或是努力过得像别人一样，只会致力于成为自己想成为的人。

人生在世，切莫忘记，我们的人生没有任何人可以取代。人们虽然口口声声地说世界上最珍贵的东西就是自己，事实上却总是因为过于在意别人的眼光和评价，而忽略了自己。但是，如果连自己都抛弃了自己，还有谁会守护我们？有谁会尊重那些不懂得善待自己的人？谁会喜欢一个讨厌自己的人？不过，我们也必须承认并接受自己寒酸和不足的一面。唯有如此，你才能说出："对，这就是我，那又怎样！"然后，光明正大地继续走自己的路。

遭到其他人的反对时，你很可能会感到害怕，因为你会担心选择了自己想要的东西之后，所有责任都要独自承担。此外，如果反对你的人是你所重视的人，你的内心可能会更加煎熬。此时，你会感到内疚，若是无法克服这点，可能就会放弃真正想要的东西。有时候你可以欣然接受这种内疚感。如果我们的人生没有任何人可以取代，只有我们自己能对自己的人生负责，那么当我们为了自己做出选择时，没有必要对任何人感到抱歉，因为即便做出了错误的选择，也是要由我们自己来负责。这样想，你才能活出自己真正想要的人生。

恢复自信心最为要紧的理由

我们通常会认为拥有良好人际关系的人，性格比较外向。对于那些能够主动接近陌生人，并且与之交谈的人，我们会说他们是“很有亲和力的朋友”。当我们看到在陌生人面前不知所措或面无表情的人，会认为他们性格内向，甚至会担心他们不容易适应社交生活。内向的人虽然的确不容易和他人变得熟稔，但是一旦建立起人际关系，他们就会尽力而为。一项统计结果显示，80% 的顶尖销售人员都曾是内向的人，这与一般人的外向的人更容易做好销售的观点截然不同。

你的自信心强还是弱?

能影响一个人处理人际关系的能力的，是他属于自信心强的人还是自信心弱的人，而不是性格外向与否。自信心强的人，总是会认为自己是个不错的人。无论自己所做的事情成功与否，他们都认为自己是有价值的人，觉得自己目前的模样足以得到他人的认可和赞赏。而一个自信心弱的人，总是会以负面眼光来检视自己，一直怀疑自己的能力，并且担心失败，害怕一旦自己的弱点曝光，别人就会讨厌自己，因此总是感到不安。

一个自信心强的人，即便遭遇到不好的事情，也不容易动摇。他们认为虽然自己有很多事情做不来，但仍然是个不错的人，所以他们即使犯了错，也不会说出“我真的一无是处”这样的话来贬损自己，反而会自我激励说：“这是情有可原的事，只要下次改进就好。”此外，由于他们相信即使自己失败或犯错，别人仍然会喜欢自己，所以基本上不论面对什么人，都能以平常心来对待。

相反，一个自信心弱的人则会苛责自己，即便只有一点点不好的事情发生，也会怪罪在自己身上，认为自己是既没用又不起眼的人，而且犯了错，别人一定会讨厌自己。即使是一个毫无意义的笑话，他也无法放下，而是反复思忖：“这是说给我听的吗？”即便只是听到一句对自己不友好的批评，也会寝食难安。

自信心强的人，听到不合理的批评时，通常会置之不理；自信心弱的人，则会认为大家果然就是不喜欢他，进而退缩。因此，自信心弱的人在待人处事方面会不可避免地遇到困难。

恢复自信心最为紧要的理由

自信心弱的人不喜欢与人见面，因为他们认为别人会觉得自己很无趣，进而讨厌自己。当他们怀着这种不安的心情与别人见面时，对方往往真的会觉得很不舒服。即便事实并非如此，也会让他们的自信心跌至谷底。有过几次这种经历的人，最后往往会对与他人见面本身感到害怕。

应该谨记的重点是，我们对自己的负面评价，并不代表别人对我们的客观评价，只是我们本身这么看待自己而已。此外，如果我们与别人见面时缺乏自信，对方很容易察觉到。所以，除非自信心弱的人改变看待自己的观点，否则他们就难以改善人际关系。如果你无论与谁见面，都会产生人际关系上的压力，或许有必要回头想想，这是否为缺乏自信心所造成的问题。

提升自信心的 3 种方法

自信心强的人对自信心并不会特别关注，对“自信心”这个名词会有敏感反应的人，往往原本自信心就很弱，或是由于某种原因，目前处于自信心低落的状态。就像幸福的人不会特别谈论幸福，相对不幸的人，更常提及“幸福”这个名词，并且有点强迫式地追求幸福。

在现今社会，想要保持较强的自信心并不容易。如果是年幼时跟父母的关系不好而导致的自信心弱，则更加难以改变。因为这样的人往往长期以来自认为“我没有资格被爱”，并且以错误的方式来渴望被爱。

恢复已经瓦解的自信心的方法，是学会去爱惜那个不完美的自己。作为一名精神科医生，我曾经接触过许多心灵遭受重创的人，在为他们提供服务的过程中，我最先学习到的便是等待。有些患者接受了好几年的治疗，依然无法摆脱创伤；有些患者虽然一度稍有改善，却再度退缩，如此循环不已。强化自信心也是如此，并没有立即提升自信心的特效药，只是可以不再依照错误的地图前进而已，这正是恢复自信心的第一步。

持续做一些让你有小小的成就感的事情

我因为患帕金森病而放下医院的工作至今已经5年。我的目标是即便病情恶化导致的痛苦达到了让我连一天也难以坚持下去的程度，我也要继续活下去。去年我接受DBS手术（脑深部电刺激术）之后，已经能够小幅度地移动身体，然而恐慌和孤独感却突然找上我。我停止看诊工作之后，社交圈变窄，成天只能待在家里，内心也变得软弱起来。我不禁担心长此以往自己会被社会遗忘，变得一无是处，这样的恐惧感不断席卷而来，让我感到十分慌乱。即便在生育和抚养2个孩子期间，我也未曾停止工作，还忙着写书，以及在好几所大学讲课，忙得不可开交，我从未想过自己会陷入目前这种情境。于是我首先尝试接受并承认这种恐惧，然后开始寻找目前能做的事，其中一项就是运动。前天我连起床都有困难，不过，昨天我步行了1千米，今天则试着步行到1.5千米。当然，在别人的眼里，这可能不算什么，但是每当达成目标时，我都为自己感到骄傲。因为可以感觉到自己有能力做些什么，对恢复自信心而言非常重要。自我效能感是自信心的要素之一，可以通过自我努力来提升自信。然而，若是一开始就过于心急，为了展现出不凡的能耐而设定了不合理的目标，反而不可行。我们应该从简单的事情开始，然后再挑战稍有难度的事，这样才能每天感受到成功的喜悦。当小小的成就逐渐累积，某一瞬间就能产生自信，这种力量出乎意料地强大。我能够写出这本书，就是最好的证明。

不要费尽心思去掩饰弱点

自信心弱的人往往会认为，如果让别人看见自己的弱点，就会被瞧不起。所以他们即使难过也尽量不哭出来，因为他们认为一旦被人看到自己哭泣的样子，就会遭到攻击或是被遗弃。他们总是小心翼翼地隐藏自己的缺点，只向别人展现自己自信的模样。

然而，由于他们花费太多精力去隐藏自己的弱点，已经没有多少余力去关心别人。对他们而言，维护人际关系是一件令人精疲力竭的事情。对于他们的无力感，别人也会有所察觉，甚至会感到失望，因为没有人喜欢去面对一个没有灵魂的躯壳。

当我们发现一个看似精明的人身上也有憨厚的一面时，会有“那个人也跟我一样”的感觉，并且对他产生好感。每个人都有弱点，自信心强的人并不是没有弱点，而是能够坦然承认和显露自己的弱点，他们不会过度执着于自己的弱点，而是致力于发挥自己的优点。他们也从经验中得知，让自己的弱点不那么重要，最快速的方法，就是尽可能地强化优点。所以不要再花太多力气去掩盖弱点。如果你想建立良好的人际关系，与其费力隐藏弱点，不如强化优点。

如同对别人宽宏大量一般，也对自己宽容一些

面对失败，自信心弱的人会过于自责，但是面对成功，他们却又认为只是巧合。努力工作而有所成就，他们却认为只是一种幸运而已。他们常常挂在嘴边的话就是“应该”“经常”“必定”“完美”这样具有义务性和绝对性的字眼，随着这些字眼而来的往往是恐惧、愤怒、创伤和内疚等情绪。但是，实际上大可不必。因此，我们需要有弹性和灵活的思考。即便有些事情的结果不如预期，也要客观地看待。

英国电视剧《肥瑞的疯狂日记》的女主角瑞伊（Rae），是个患有暴食症，并且对减肥有强迫症的人。她常常对自己咆哮道："我真是糟透了。每件我想做的事都会被我搞砸。而且，我越是想去弥补，事情就变得越糟糕。"

这些瑞伊从不会对别人说的粗鲁话，却被她拿来毫不留情地批判自我。对于这样的瑞伊，辅导老师对她这样说：

"想象现在有一个 10 岁的瑞伊坐在这里，然后你对她说：'你好胖'。"

"我说不出来！"

"你试着对她说：'你好难看''你好丢脸''你没用''你没希望了'。"

"我不想！"

"这些就是你每天对自己说的话。你就是每天自我催眠，说自己是个令人伤脑筋的负担。你觉得这个小女孩很难看吗？"

"不是。别再说了！"

"那么你想对她说什么？"

"你很棒。这样就很完美了……"

"这才是你必须对自己说的话。就像你安慰那个小女孩一样，你应该慰劳一下自己。"

我不知道你是否像瑞伊一样，毫不留情地对自己说出这样粗鲁的话。不是对别人，而是只对自己如此苛责，这样是否太过严厉了呢？如果你对别人总是宽宏大量，那么对自己也要宽容一些。任何人都可能犯错，也可能失败或是中途放弃。但是这并不能证明我们能力不足或有缺陷。我们所处的现实生活，本来就不可能完美无缺，我们也无法控制一切。然而，如果你把一切都归咎于自己，光顾着埋怨自己，那么请立刻停止这种毫无根据的自责。你绝对是个比你自己所想象的更好的人。

让别人不敢对我们胡来的方法

有一天，我学妹觉得很苦闷，于是跑来找我。她说她的弟媳已经把孩子托付给她照顾满 1 年了，却完全没有要带回去的意思。起初，她觉得自己跟公婆住，所以弟媳托她带孩子，也是情有可原。我学妹是一个育有 2 子的职场妈妈，日子过得并不轻松，但是她考虑到弟媳当时的处境很为难，所以接受了弟媳的托付。然而，1 年过后，她的弟媳发了一封邮件给她，说是孩子在大伯母家被照顾得很好，希望她可以继续帮忙照顾云云。她觉得很生气。她正因为健康情况变差，想要好好休息一下，没想到弟媳居然只考虑自己的需要，她因此很怨恨弟媳，导致晚上连觉都睡不好。我告诉学妹，你就果断地拒绝弟媳。后来，她婉拒了弟媳的托育请求，她弟媳就另外找了一个保姆。

有时候，我们会碰到那种想把自己的担子放在别人肩膀上的人。每逢此时，那些“善良”的人都不知该如何是好。虽然他们内心说了上百次的“不行”，但是因为不想发生冲突，所以不忍拒绝，却又暗自叫苦。他们认为如果自己拒绝了，对方会感到失望，心想如果自己能忍下来，对大家都好，于是就接受了无理的要求。但是当他们觉得只有自己吃亏，或者发现对方得了便宜还卖乖的时候，愤怒就会在心里扩散开来，然后不知不觉地，在某一瞬间爆发怒火。他们虽然为了维持关系而一再忍让，最终却会在一夕之间爆发而导致关系破裂。

不论在工作方面还是在人际关系方面，人的忍耐都有极限。善良并不是意味着要答应别人的一切请求。能够克尽本分地工作，不给别人带来困扰，已经很好。然而，人们常常把“善良”一词等同于听从别人的意见，乃至过度重视他人而几乎不尊重自己。“善良”的人往往担心伤及别人的感情，担心对方的情绪受到伤害，因此承担超越自己能力范围的事，结果为此苦恼不已。甚至有一些人不仅牺牲了自己，也牺牲了家人。

因此，不要试图成为一个“善良”的人，这是那些不懂得重视自己的人所做出的最坏选择。我总是告诉已婚的女儿：“不要费尽心思成为一个‘好媳妇’。”因为以我平时对女儿个性的观察，刚结婚时，她一定会花很多时间，努力扮演好媳妇的角色，如此一来，公婆对她的期望值就会变高，最后我女儿一定会觉得很累。我对女儿说："成为一个让人感到舒服的媳妇，对你和你公婆而言都是一件好事。"唯有彼此都做出一些让步和妥协，而不是无条件地配合对方，才能让人感到心安，也才能阻止只有一方牺牲的悲剧。唯有知道彼此无法做什么、不喜欢做什么，才能够相安无事。

越是自信心弱的人，越需要设限

"善良"的人发火，通常是因为觉得别人故意看轻自己，或是对自己不公平。因此，第一要务就是不能让别人任意对待自己。我们通常害怕去设定明确的界线，担心对方会因此讨厌自己，或是彼此的关系会出现裂痕。自信心越弱的人，恐惧感就越强。但是，面对任意对待我们的人，必须坚定地画出界线，并且好好克服随之而来的内疚感。不久之后，内疚感就会消失，心情就会轻松起来。

或许有些人会批评你说画出界线是一种自私的举动，但这么做绝不是自私。画出界线并不是无法容忍自己吃亏而不顾别人的利益，而是让对方明白我们的处境和能力的极限。当对方与我们的期待相左时，画出界线就等于告诉对方，我们无法在牺牲自己利益的情况下，答应对方的请求。画出界线只是表达出自己绝对不接受不公平的操弄。德国心理学家赫尔曼·戈林（Hermann Göering）在《永不妥协》一书中写道：

拒绝的最终目标是保护自己，过自己真正想要的生活，而不是要牺牲或打击别人。当然，坚持自我的权利，可能让周遭的人感到吃力或更加难过。然而，如果这件事情长期以来让你感到疲惫和受伤的话，必要时，你也应该懂得如何与之奋战。拒绝意味着要关注那些尊重我，并且我也重视的人，而不是执着于我做不到及无法改变的关系。

自信心弱的人总是担心拒绝别人会被对方讨厌，因而战战兢兢。我们应该破除偏见，坚信画出界线是一种自我保护，而不是为了赢过对手。若是设定了界线，关系不但不会被打破，反而会变得更加稳固。清楚地划分出自己能做什么和不能做什么，也能让别人更尊重自己。从这层意义来看，画出界线也意味向对方传达出希望自己的想法和喜好能够被尊重的意思。为了更好地画出界线，我们需要注意以下几点。

接受人类不完美的事实

人类的天性中多少是有不完美一面的。比如处于不利的状况中时，为了避免危机，人们会撒平时不会撒的谎；再比如发生大型交通事故时，如果家人安然无恙，我们就会放下心来。虽然我们有时是默默地捐款，但更多时候会想让别人知道自己捐款的事；有时我们看到有人挨打，虽然明知道应该伸出援手，但是又会因为害怕被揍而选择逃避。当然，并非每个这么做的人都是懦弱和自私的，任何人都可能有这样的时候。

接受人类无可避免的局限并不是件悲惨的事。世界上并没有完美无缺的人。即使我们设定了一个理想的目标，告诉自己“我必须这么做”，有时候也无法完美地达成目标。每个人都有欠缺和不周密的一面，都有脆弱之处，所以才会彼此需要，这是彼此存在的意义。如果有一个完美的人，他可能不需要任何关系。

当我们接受人类是不完美的以后，遇到自私自利的人时就不会再感到失望，更不会难过得想要立刻与他断绝关系。我们至少可以听听对方的理由，并且花一点时间好好想想问题所在。别人对我们施予小惠时，我们也能够诚心地感谢对方。此外，当遭到别人任意对待时，我们也不会做出一味地批评或攻击对方的愚蠢行径。能理解到或许对方只是站在自己的立场来考虑，我们就能够画出界线，让对方不能再任意对待我们。最重要的是，我们也能了解到我们自己也可能这么做，并且能够原谅有时会做出自私行为，或是犯下错误的自己。我们不会因为不完美，而认为自己不值得被爱，也不会一再怪罪自己。当我们能够接纳自己脆弱的一面时，才能够理直气壮地告诉别人自己的极限所在。否则，无论别人提出多么无理的要求，我们都将无法拒绝而备受煎熬。

不要期待“我已经做到这样，别人应该会了解吧”

我弟弟去留学的时候，他的教授曾经问他数学学得好不好，他回答说：“我数学学得不好。”这让他的教授后来在得知真相时露出了讶异的表情。我弟弟的数学其实学得很好，他的教授无法理解为什么他说自己学得不好。在韩国，像我弟弟这样的回答，会得到大家的赞美：“真是个谦虚的人。”我们从小就被教导要谦虚一点，所以当我们听到别人的赞美时，都会害羞地说：“哪里，我做得并不好。”“只是运气好而已。”谦虚是一种美德，但是过度的谦虚反而有害。谦虚是不自我夸耀，但也不意味着要过度贬低自己。如果我们都不尊重自己，那么谁又会尊重我们？事实上，即便别人起初不相信，同样的话重复听过好几遍之后，也会把它当真。那么，过度的谦虚，将无异于持续不断地贬低自己。

若是观察那些过于谦虚的人，会发现他们心里其实认为："即便我这么说，别人也会明白我的意思，而且肯定我！"然而大部分情况下，人们并不会意识到别人内心的真实想法。因此，过度的谦虚其实无益于人与人的沟通。

同样，一些"善良"的人认为，如果他们在情非得已的状况下，放弃了自己的某些事情，接受了别人的请求，不需多说，别人就应该心存感激。但是，如果我们没有说出口，对方有可能真的不明白我们的想法。因此，如果你认为接受了别人的请求，对方没有表达谢意会让你感到很生气，那么最好一开始就拒绝对方的请求，免得到头来自己觉得很受伤。

画出界线时，不要过于激动，要温柔而坚决

一如前述，以我学妹的情形来说，她看了弟媳发的电子邮件后，气得无法入眠。还好她并没有立即打电话给她

弟媳。如果她这样做，可能会口无遮拦地说些气话，却没有表达出自己真正的想法，只是让彼此的关系变得更糟。此时我们必须做的事，就是提醒自己，画出界线是为了自我保护，而不是让关系陷入困境。因此，当我们生气时，必须先沉淀一下，让自己不要过于激动，然后好好地向对方传达自己的意见。如果我们把事情全部混在一起说，对方可能会无法理解。所以，即使我们遭受到令人不悦的待遇，也先不要责怪对方，最好只说明什么是自己做不到的事情。即便如此，如果对方还是很生气，或是想要收买我们，那么千万不要示弱，必须语气坚定地坚持自己的意见，让对方看到我们坚决的一面，唯有如此，对方才会尊重我们。

如何优雅地应对不公正的批评?

人生在世，有时会碰到这样的人：他们充满了自卑感和对社会的不满，一开口就忙于诉说这世界有多么不公不义；他们热衷于与人竞争，认为自己应该脱颖而出，一旦看到比自己更受肯定的人，就会产生羡慕和嫉妒的心理，并且因无法减损他人的成功而焦躁不已，责怪全世界都没有看到他们有多么努力。

那些成为他们泄愤对象的人，自然是比他们更弱势的人。他们虎视眈眈地抓住对方的弱点，打探可以压制对方的机会，然后用足以让人感到受辱和羞愧的话，毫不留情地批判对方。例如在网络上发布恶毒的留言，然后瞬间觉得自己高人一等。或者因为某件事情心情不好的上司迁怒于认真工作的下属，指责他“太自命不凡”等，都属于这种情况。他们认为只要能够让自己的内心得到抚慰，不论怎么做都没有关系，至于别人是否会受到伤害，他们完全不在乎。对他们而言，其他人只是消除他们的自卑感和挫折感的对象，他们很喜欢看到别人觉得被侮蔑和伤害的样子。他们热衷于掀开别人想要隐藏的过去，故意用学历、外表等对方的弱点来挑起对方的愤怒。

碰到这种故意伤害我们的人，听到他们无理的批评，我们不可避免地会感到震惊。即使是一个自信心很强的人，也会由于感到羞耻和受辱而气得发抖。但是，不管你觉得有多么委屈，都不应该陷入别人的挑衅之中，因为他们就是想看到你因受伤而痛苦的模样。幸好，自信心强的人虽然可能暂时失去理智，但是很快就会将其找回，如果认为别人的批评并不公平，就会行使否决权，不会被无理的指责所操控，也不会卷入无谓之争，而是会忽视它。事实上，为了泄愤脱口而出的话，绝不可能是客观的评论。况且，不管别人如何评价我们，这都只是他们的想法而已。即使批评的内容是正确的，故意伤害他人也是不好的行为。

自信心弱的人并不会抗议，甚至即便受到伤害，难过不已，也会认为这些不公平的指控是自己的过错引起的。特别是很多女性会觉得是因为自己太糟糕、太没出息，对方不得不生气，并且认为自己受到这样的对待也是活该。她们甚至认为与自己无关的事情也是自己的错造成的，所以试图在造成更大的冲突之前，把事情摆平。但是，这么做只会让伤害她们的人变本加厉，因为他们看到哆哆嗦嗦、颤抖着认错的人，会有一种快感，然后更加兴致勃勃地指责对方。

犯错的其实是那些一开始就公然出口伤人的人。不管他们说些什么，我们都没有理由揽下那些不是自己的错误所造成的问题。我们应该让他们清楚地意识到他们的指责并不公平。无论他们多么想伤害我们，只要我们不接受，就会到此为止。再也不要接受一个没资格评判我们的人的挑衅，更不要因而伤心难过，不要让这种公然伤害别人的人认为我们好欺负。我们必须积极地进行自我保护，因为在这种情况下，只有我们才能保护自己。

如果你因为受到不公平的对待而受伤，无异于允许对方任意操控你——只要对方想折磨你，你就会很难受；只要对方想伤害你，你就会接受所有伤害。因此，不要再默默忍受伤害，要在某一瞬间，将这些不公平的指责还诸其人，因为这不是你应该承受的事情。

此外，你不该忘记的一件事，就是人际关系的掌控权在你自己手中。你可以选择想要接近谁、远离谁，以及更关心谁。如果是我们想亲近的人伤害我们，那么我们真的会很受伤。但是如果是一个在我们生命中无关痛痒的人伤害我们，那么对我们来说并不算什么。而且，为了自我保护，我们应该认真地考虑与伤害我们的人断绝关系。

第4章

我们和家人、恋人之间所需的距离：0cm~46cm

为什么家庭问题特别难以解决？

有一个儿子非常怨恨他的父亲，因为他的父亲一喝酒就会打他的母亲。童年时期他曾经试图阻止父亲，但总是被身强力壮的父亲推倒在地。看到全身伤痕累累的母亲，当时的他恨不得早日长大，成为像父亲一样强而有力的大人。后来他长大了，如愿成为壮硕的大人，也有了自己的儿子。然而，不知从哪一天起，他在喝酒后也开始殴打自己的儿子。不希望像父亲一样生活的他，看到不知不觉变得跟父亲一样的自己，感到十分绝望。他满脸痛苦地对我说："我从头到尾都没有那种意图。"

因为家庭问题而来找我咨询的人，都会说他们从一开始就完全没有伤害家人的意图。家庭心理学大师托尼・亨弗瑞斯（Tony Humphreys）曾说，在他 30 年来接受发生暴力和虐待的问题家庭咨询的经历中，从来不曾见过任何一个故意伤害子女和配偶的人。人往往是在不自觉的情况下，对家人发火、施以暴行的。那么，为何他们会做出这种事情呢？

根据精神分析学的鼻祖西格蒙得·弗洛伊德（Sigmund Frend）的说法，人们会有重复童年所蒙受的创伤或痛苦的倾向。未能及时治愈童年创伤就长大的人，会以自己的孩子或配偶为对象，重复他的伤痛，企图通过重现儿时的不幸情景，消弭当时压抑的情绪或内心的渴望，并寻求心理补偿，然而结果只是重复不幸而已。此类现象我们称为“强迫性的重复”。

家庭问题特别难以解决的原因就在这里。很多人没有意识到，他们正把幼时在原生家庭所遭遇到的伤痛，在目前这个家庭里重演，而且问题在逐渐扩大。如何才能摆脱这种恶性循环呢？有没有办法阻止从祖父延续到父亲、从父亲到自己、从自己到儿子或女儿这种不断重复的不幸呢？

这个童年时期经常看到父亲在喝酒后对母亲施暴的儿子长大成人以后，喝了酒后却也殴打自己的儿子。他对我说，他至今仍然无法原谅他父亲，他父亲也不知道自己做错了什么。他说他自己非常痛苦，因为他对父亲还是怀着害怕与恐惧，内心仍因自己童年时期什么事都没办法做的无力感，以及无法保护母亲的愧疚感而饱受折磨。我对他说："你遇到这样的父亲是一件非常不幸的事，但你父亲并不是一个可怕的怪物，他只是一个在没有爱的环境里成长，也不懂得如何爱人的笨拙又平凡的人而已。"

我接着告诉他："随着时间的流逝，你的父亲可能会意识到自己的错误，但也可能永远不会改变。那么，你可能永远听不到父亲对你说道歉的话。但是，因为你意识到自己有问题，如果你能够尝试去努力，就可以终止这种恶性循环。不要忘记，你是一个拥有与你父亲完全不同的灵魂与人格的人。你不再是无法阻挡强壮的父亲而颤抖不已的孩子，你已经成为比你父亲更强壮的人。"

比承受伤痛更重要的是，你如何看待自己的伤痛。遭遇到同样的事，有些人能够云淡风轻，有些人会感到痛不欲生。当某人伤害自己时，有些人认为自己的人生全毁了，也有些人认为"这只不过是个小伤口，没什么"。蒙受伤害的事实发生后，随着思考与看待伤害的观念的改变，现在与未来亦将截然不同。

有些人会认为，他们受到父母深深的伤害，是因为自己做了坏事，才受到相应的严厉惩罚。其实他们的父母也是因为童年受创而不自觉地去伤害自己的孩子，孩子往往并没有犯错。很多父母是第一次当父母，没有经验。可惜的是，我们没有办法改变过去。但是如果你对于贯穿祖父母、父母与自己所延续下来的恶性循环有所理解，你就拥有了阻止伤痛持续扩大的机会。

因此，如果你现在遇到与家人之间无法解决的问题，试着问问自己，你身上是不是存在着自己都不知情的强迫性重复创伤。

和睦的家庭不是从不吵架，而是能够妥善解决冲突

日暮时分，下了班的爸爸一打开家门，孩子们就兴奋地跑过来迎接，母亲一边接过父亲的外套一边说："孩子们，要吃饭了。老公，快去洗洗手，然后出来吃饭。"过了一会儿，全家人围坐在正煮着热汤的餐桌旁，和乐融融地边聊天边吃饭。这是我们经常在广告中看到的和谐家庭的晚餐情景。看着这样的广告，正在吃饭的某个人脸色突然暗了下来，因为在他们家的餐桌上，家人们经常是一语不发。回想起来，相较于全家一起吃饭的情形，自己盛点泡菜、做个煎蛋，独自一人吃饭的时候反而更多。"别人的家庭都那么和乐，我们家为什么会这样呢？我真的很讨厌这样。"前来找我的患者们也经常这么说："别人家看起来都很幸福，我们家却不是，我觉得很羞愧，也很难过。"

越是童年时期在不幸福的家庭中成长的人，对和睦家

庭的幻想越强烈。他们总是梦想着有一个充满笑声，谈话声此起彼落，洋溢着亲情的愉悦家庭。在那样的家庭里，似乎从来不会发生争吵。电视里播放的和谐家庭的形象，似乎成为自己的家庭有问题的佐证。

我的一双儿女小时候总是吵架。我经常为不知该如何处置而苦恼。有一天，我去找精神分析师咨询，他问我两兄妹之间的关系如何，我深深地叹了一口气说："他们几乎每天都在吵架。"然后，他突然对我说："Congratulations（恭喜）！"他对百思不得其解的我解释说："兄弟姐妹间你来我往的口角多，对彼此的关系反而是好事。如果不是太严重，小时候吵点架没关系。"

仔细想想，家人之间不可能不发生冲突，尤其是兄弟姐妹这种天生就会争夺父母怜爱的关系。当我们觉得自己应该得到父母更多的爱，我们的兄弟姐妹却得到父母更多的关注时，我们不可能不嫉妒。若是父母认为家人之间不应该这样，强行压抑子女的情绪，不但无法消弭冲突，反而可能令冲突在某个瞬间像气球一样突然爆炸，发展到不可收拾的地步。

和睦的家庭并不是不会争吵，而是能够妥善解决冲突。没有一个家庭不争吵，冲突是很难避免的，除非对其视而不见、置之不理。因此，要抛开没有冲突的错觉。我女儿很小的时候就做了心脏手术，因此全家人的关心与担忧自然都倾注在女儿身上。站在我儿子的立场来看，再怎么心疼妹妹，还是会讨厌妹妹夺走家人的关心。而如果我责怪他："你当哥哥的这样对吗？你应该让着妹妹啊！"儿子大概会因为自己是个"嫉妒妹妹的坏哥哥"而自责、难过不已，觉得都是自己没做好，才会被妈妈骂。因此，在试图化解冲突之前，我们必须先仔细了解为什么会发生冲突，找出原因再加以解决，而不是在他们一开始争吵的时候就强迫他们和好。

兄弟姐妹是世界上独一无二的关系，如果能够合谐共处该有多好！然而，因为个性南辕北辙而无法亲近的兄弟姐妹比比皆是。与其坚持要他们兄友弟恭，不如认同他们之间的差异。"他跟我就是不合拍，但我们是兄弟。"只要维持兄弟姐妹之间的基本情谊，就不会产生太大的问题。相反，若是强迫他们和平共处，要求他们"不要争吵，要相亲相爱"，倒可能产生问题。

夫妻关系也是一样。虽然应该尽量避免在孩子面前争吵，但如果因害怕争吵而隐忍不提，不但无法解决冲突，反而会雪上加霜。此外，无论父母怎么隐藏，孩子还是会察觉到父母之间的不愉快。孩子并不知道那是爸爸妈妈之间的问题，反而可能会认为是自己没有好好念书或是不乖，才会导致父母关系失和。

没有经验的父母可能会说出增加孩子内疚感的话，让孩子的内心更加痛苦。例如妻子把对先生的气出在孩子身上，说出“如果不是因为你，我就不会和你爸爸结婚”之类的话，会更让孩子认为是自己的存在导致爸妈不和，因此倍感内疚和难过。更荒谬的是，多年后，当孩子讲述这件事时，父母往往感到非常惊讶，觉得自己从未这么说过。父母并没有说谎，因为当时父母需要一个倾诉及抱怨的对象，他们只是把自己心里的垃圾倒给了当时在场的孩子，然后自己忘记了这件事罢了。夫妻之间日积月累的冲突，原本应该以一种合理的方式解决，然而在无法解决的当下，孩子往往成了替罪羔羊。

所以我经常告诉别人：“切莫把家人之间不产生冲突当作一个目标，重要的是要找到好的争吵方式。”当冲突发生时，要迅速承认并努力解决它。这里所谓好的争吵方式，不是指让对方屈服，而是彼此各退一步并互相关怀，以便能够共同生活下去。因此，并非争吵就是不幸福，不争吵就是幸福。太过频繁的剑拔弩张固然不是好事，但为了解决纷争，在冲突变得日益严重或是不可收拾之前，争吵反而有其必要性。

即便是父母也不能任意对待你

“为了照顾他，我多么用心良苦，他怎么可以这样做？”

乍听之下，这似乎是一位母亲在抱怨儿子或女儿不听话时说的话，实际上却出自于一个与男朋友分手的女子。她娓娓地诉说着为何她不再相信爱情。原来，她男朋友的梦想是成为伸张正义的检察官，由于家境贫困，不得不做许多兼职工作以赚取学费和生活费，导致准备司法考试的时间严重不足。而她在毕业前就进入大企业工作，为了帮助男朋友实现梦想，她负担了男朋友考试院[①]房租及补习费，让他专心准备考试。

为此，她自己节衣缩食，不去参加朋友的聚会，放弃她最喜欢的电影和旅行，还不断安慰自己说没关系。然而，

---

① 译注：考试院是韩国常见的供备考生用的廉价出租屋。

她男朋友在司法考试合格后不久，便对她提出了分手。

通常在这种情况下，我们都会责怪这个男朋友。如果没有女朋友提供经济后盾，他就没有足够的时间和精力准备司法考试，很难通过考试，他怎么可以背叛这样的女朋友呢？“因为爱他，我付出了那么多，他怎么可以就这样抛弃我呢？”她表示自己再也不相信爱情了。

“施比受更有福”，给予的快乐，唯有付出的人才能感受到。然而，单方面的付出对爱情并无益处。

一直接受女朋友资助的这个男人，他的心态是什么样的？在感谢她的同时，又对她的辛苦感到愧疚，亏欠的情绪一直折磨着他。或许当她抱怨自己很累的时候，他会深感自己太没出息。与爱她的心相比，男方的愧疚感会更大。女方也可能会因为长久以来只有付出，没有得到任何回馈而不自觉地有所抱怨。男方只要约会时稍微迟到一点点，女方可能就会有“我都为你做到这种程度了，你连遵守时间这么简单的事都无法做到”的想法。单方面的付出与单方面的接受打破了双方的对等关系，久而久之，付出的人会感到郁闷，接受的人会感到亏欠。因此，在爱情方面，单行道非常危险。一方给的太多，另一方一味地接受，这样的关系很容易变质。针对这点，《为何我跟人们格格不入？》的作者马修·凯利（Matthew Kelly）指出：

我拥有某些可以分享的东西，并且能够分享给对方，固然是件令人开心的事，但是绝对不能以盲目及鲁莽的方式进行。给予对方所有他想要的一切，并不会让他变得完美。你能为所爱的人做的最好的事，就是不要为了满足对方的私欲及一时兴起，而摧毁了自己。你能为所爱的人做的最好的事，就是打造最好的自己。

然而，我们往往把抛弃自己所拥有的一切，并把所有东西都奉献给对方视为崇高的爱，认为少给就是不够爱。“不是说你爱我吗？连这件事都没办法为我做？”“家人就应该这么做，不是吗？”但是，即使是家人，也不能强迫对方做出单方面的牺牲。

我有一个学弟，他的父亲一直在做生意，一旦生意失败欠了债，就来找他，要求他帮忙还钱。我学弟为了替他父亲还债，疯狂地工作赚钱，连女朋友都没时间交。有一次，他父亲生意再次失败，来找他帮忙还债。一个实习医生的月薪实在无法承担，学弟告诉我，他真的不知道该如何是好。我告诉学弟，不能再给他父亲钱了，再不行，就断绝父子关系。学弟以为我会说“再怎么样也是父亲，身为子女不就是应该恪守本分吗？”，却没想到我居然提出完全相反的论调，所以感到非常惊讶。我坚定地对他说：“即使是父亲，不行的事就是不能做。你不是说成为一名医生是你的梦想吗？一直以来，为了多学习一点医学知识你连睡眠的时间都不够，非常辛苦，不是吗？辞去实习医生一职，赚更多的钱来还债，你父亲就会从此不再犯同样的错误吗？你父亲如果生意再次失败，又来叫你还债，那时候该怎么办？”

我了解学弟的心情，但是我认为他父亲没有权利要求他做出这种填补无底洞似的牺牲，更不应该无视孩子的人生好坏，只一味要求孩子帮自己还债。我学弟的父亲绝对不会改变，最后受伤的只有我学弟。即使是父母，我们也无须接受他们提出的所有要求，如果最后不得不与父母断绝关系，也不必为此过于愧疚。

学弟思考许久后，说他无法再为父亲还债，也不会放弃实习医生的工作。几年后，学弟来找我，并对我说谢谢。失去了儿子这个靠山的父亲，后来不再做生意，学弟也成为专科医生，他与父亲的关系反而比以前还好。在替父偿债时期，学弟虽然获得了“好儿子”的名声，却备受困扰；拒绝了父亲的要求，变成所谓的“坏儿子”之后，他对父亲的怨恨与厌倦反而逐渐减少，开始慢慢地对父亲敞开心扉。

即使是父母，也无权对孩子提出不正当的要求，子女更是不能因为心里过意不去就满足父母的无理要求。那些无理要求若是得到了满足，下一次父母就会提出更加难以满足的要求。随着时间的流逝，子女与父母的关系不但不会变好，双方反而会越来越痛苦。倘若你在所谓“家人”的名义下，持续被父母或兄弟姐妹拖着走，请鼓起勇气，明确地画出“不行”的界线吧！即使对方说“谁养你到这么大，给你吃给你穿，你怎么能抹掉这一切？你还是人吗？”，或是谩骂着说“连陌生人都会帮忙，自己家人居然不帮？”，你也必须断然拒绝。只有这样你才能保护自己，关系破裂是提出不当要求的他们的错，不是画出“不行”界线的你的错。

父母也是一样，不能让子女认为父母的牺牲是理所当然的。面对认为住的房子不够大，是因为父亲不够努力的子女，不应该说“对不起”，而是应该斩钉截铁地告诉他们：“如果想住在更大的房子里，你必须自己努力去赚钱才行。”在外留学的子女要求再寄钱去的时候，你应该对他们说：“目前妈妈已经尽力而为了，不够的话，你应该自己去赚钱来用！”

关系越是亲密，越容易混淆爱情、亲情的付出与单方面的牺牲。爱情与亲情会让人得救，单方面的牺牲却会让人丧失自我。我们必须好好关注彼此间的关系，不要让爱情与亲情变质，成为单方面的牺牲。就算是家人，也不能为了满足对方的不当欲望，而毁了自己。即使提出不合理的要求的是自己的父母，也必须明明白白地划清界限，不能再任意回应。

越是亲近的人，越需要对话

电影《破碎人生》讲述了这样一个故事：一场突如其来的交通事故，让一名男子失去了他的妻子。奇怪的是，面对妻子的死亡，他并未显露出任何悲伤的情绪。他独自站在镜子前，努力挤出悲伤的表情，却毫无成效。对无动于衷的自己深感奇怪的他，开始拆解与自己的婚姻生活有关的事物。他认为，想要修理某样物品时，必须全部拆开分解，才会找到问题所在，于是他从冰箱开始拆解。妻子曾叨念着要修理冰箱，在她死后他才想起来。他把冰箱零件一个接一个地拆掉，才意识到过去他是多么地不关心妻子，同时也意识到自己对世界上所有事物都太过漠视。他拆解完冰箱，又开始拆解充满着他妻子的回忆的房子。究竟还有哪里出错了呢？后来他发现了一张妻子在事故发生前，贴在如今已被拆成零散部件的冰箱上的字条。字条上写着：

“不要再假装忙碌，修理一下我吧！”

他看着字条，流下了连在葬礼上都流不出来的泪水，这是妻子死后他第一次流泪。

夫妻是所有人际关系中最亲密的一种，若说这种关系已经死亡，代表什么呢？这是指虽然在同一空间里睡觉、吃饭，但是不再关怀彼此，也不再努力地去了解对方。尽管如此，我们仍经常说，家人是我们最珍贵的人。他们会在我们最需要的时候支持我们，他们知道我们想要什么，现在我们只是因为生活太过忙碌，暂时疏忽了对方而已。

结婚生子、操持家务超过 30 年后，我对一句话深表认同，那就是：“爱的反义词并不是恨，而是漠不关心。”能对我们的生活与人际关系发挥强大破坏力量的，就是漠不关心。如果认为自己的先生或太太、儿子或女儿一定会理解自己，而不努力维持彼此的关系，关系就会死亡。建立关系如同种下一颗种子，需要按时浇水施肥，经常照料，种子才能萌芽，生长。

我们常常犯的一个错误是，越是亲密的关系，越不努力经营，并且认为自己的想法不必刻意说出来，对方也能理解自己，甚至将之称为“爱”。我个人认为，这不是爱。不说出口别人怎么会知道你的想法？我们不知道——先生不知道，太太不知道，孩子也不知道。即使关系再亲密，我们也没办法知道对方脑袋里在想些什么，所以只能开口询问。这就是关系越亲近的人，越需要沟通的缘故。

过去的丈夫与现在的丈夫并不相同，过去的妻子和现在的妻子也有所差异。他一整天经历了什么事？她在想什么？同床共枕的夫妻不会完全明白彼此的心思。因此，必须面对面提问才行。你在担心什么？我可以帮你什么忙？凡此种种，都必须询问对方。同时要告诉对方，现在有什么事让我感到疲累，我需要你的协助等。只有对话与沟通，丈夫和妻子才能更了解彼此。

有一天，我在阅读视频艺术大师白南准的妻子久保田成子所写的书《我的爱，白南准》时，看到一段白南准写给妻子的文字，让我沉吟良久。

爱与尊重

伟大的妻子，

伟大的厨师，

伟大的护士，

伟大的作家，

而且，对于这样的内容足以延续一百页的久保田成子，

我爱她也尊重她。

震撼我的不是白南准说他对妻子的爱和尊重那一部分，而是他可以写出超过一百页描述他妻子的话。对于我的丈夫、儿子和女儿，我能写出超过一百页的内容吗？我对他们的了解有那么多吗？我突然失去了自信。尽管我可以从“我的丈夫是医生、两个孩子的父亲，是长子，是个有责任感的主管”这些句子开始，但接下来要写些什么呢？我也想问问你，对于你现在最亲密、最放在心坎上的他，你可以写满多少页的文字呢？

父母与子女之间的 4 项相处要领

即使自己吃剩饭剩菜，穿着旧衣服，也要让孩子吃好的食物，给孩子最好的一切，这就是天下父母心。父母在孩子身上所花费的心思，永远多于自己。但是大多数孩子并不了解这样的父母心。若有认为父母的牺牲奉献不是理所当然的子女，那就算是幸运的了。子女往往在父母说出“这都是为你好”时，会以“又在唠叨了”来回应。

在年少轻狂的青涩岁月中，我也做过不少违背父母心愿的事。父亲认为女孩子不必做什么大事业，希望我长大后当一位贤妻良母，所以反对我进医学院就读，但我还是坚决地去念了医学院。父亲告诫我，除非要当艺人，否则应该好好念书，而我还是瞒着他进了演艺训练班，经常熬夜练习。如此这般，我径自做些父亲禁止的事，迈向他叫我不要走的路，而后逐渐长大成为现在的我。有一次，我打电话质问妈妈：“我要结婚时怎么没有阻止我？”当时妈妈答道：“说了你就会听吗？”这句话真是经典。后来每当我儿子、女儿让我感到伤心烦恼，甚至怒火中烧时，这句话就会浮现在我的脑海中，我的心情随即和缓下来，开始站在孩子的立场来考虑问题。

父母总是认为孩子出生时是一张白纸，而父母所扮演的角色，就是把他们从一个连吃饭、行走、坐卧都不会的婴儿培养长大，成为能够独立生活、学习和工作的人。因此父母会根据自己的想法去引导、干涉或强迫孩子。但是孩子来到这个世界上，是有自己的生命蓝图的。他们根据自己的发展计划表，时间到了就会走、会说话、会做决定，慢慢长大成人。相较于其他孩子，他们自定义的计划表可能会稍微落后，可能会与父母的期望不同，或者无法达到父母的期望。但是，父母如果根据自己的想法来操控孩子，孩子反而会偏离父母的计划。孩子不是父母的财产，我们必须清楚明确地认识到这个事实，才能防止父母和孩子陷入敌对的状态。那么，父母在与孩子相处的过程中，应该注意哪些问题呢？

在教导孩子之前，要给予他足够的爱

那是发生在我女儿小学一年级时的事。一个看起来像游民的男人，从垃圾桶里捡起一个别人没吃完的汉堡吃了起来。看到这个情景的女儿对我说："妈妈，你不能给那个男人面包。"女儿意识到人与人之间的不平等，心里感到沉重，并且说道："不要给他面包，要教育他，叫他去工作。"女儿的话是对的，虽然现在游民需要的是面包，但是明天、后天他如果还想吃面包，就必须去工作，换取买面包的钱。女儿才读小学一年级，居然有这样的想法，已经知道一个人需要什么了，我觉得非常神奇。我深深地反省自己，是不是把女儿看得太幼稚，认为没有我的教导，她就什么都不懂呢？

父母总是认为孩子的成败完全取决于父母的教育与引导，因此只要孩子略微反抗己意，父母就会大发雷霆，要求孩子改过。为了照料孩子，涉猎各种育儿书籍，学习各种精神分析术语，掌握各种理论的父母们，往往替孩子的未来制订了一套完美的计划。然而，这些聪明且学识渊博的父母经常来找我咨询，说自己的孩子出了问题。依我来看，问题其实出在父母身上，虽然他们会信誓旦旦地抗辩说自己毫无问题。其实他们的错就在于没有用恰当的方式表达爱。

当你看到别人的孩子时，通常你会怎么做？当他们做错了某事时，你会说："哦，没关系。"当他们做得好时，你会称赞："哇，太棒了！"对吧？但是为什么你无法这样对待自己的孩子呢？你对别人的孩子的响应，才是教导自己孩子时真正应该采取的方式。在教导孩子之前，应该先摸摸他、抱抱他，给他充分的爱。父母一心一意地想要引导孩子走上正确的路，但是，对孩子下判断，提供孩子必要的东西，都应该排在给予孩子足够的爱之后。孩子是在经历无数的错误和失败之后，才一步步地迈向世界的。如果父母教导孩子时，不原谅他所犯下的错误，并且规定孩子以后再也不可以那么做，孩子会变得畏畏缩缩。因此，如果想让孩子真正地长大成人，父母应该用温暖的爱来包容他们的错误，相信自己的孩子，等待孩子成长。美国咨询专家贝弗莉·恩格尔（Beverly Engel）曾说："童年时期来自我们信任且依赖的父母的温暖拥抱，可以止住从受伤的膝盖中流出来的血。"

职场妈妈必须抛开不必要的愧疚感

我开始上班后，将一双儿女委托给公婆照顾，因此内心一直感到非常愧疚。有一天，我听到婆婆有意无意地对孩子说："没有妈妈带大的我的宝贝啊！哎呀！你们真是太可怜了。"我明明好好的，我的小孩却像是被妈妈抛弃的孩子，这实在是可悲了。当时我很想辞职，但是以家里的经济情况，又必须是我与先生一起工作才能维持生计。每天早上与不想跟我分离的孩子纠缠半天时，我心中就很纠结：丢下孩子去工作是对的吗？在当时的社会中，孩子的父母都在工作的家庭还很鲜见，女孩子通常一结婚就会辞去工作。因为选择了继续工作，我成了不能陪伴孩子的坏妈妈。然而，后来我在去上一门课的时候，遇到了许多职场妈妈，让我感到非常惊讶。随着时代的改变，女性必须负担家事跟育儿责任的观念不但已经落伍，而且还被当作打压女性的佐证。

女性扮演了许多角色，除了在公司里工作职务的角色外，还必须扮演女儿、妈妈、太太、学姐等各种角色，但是没有人能够扮演好所有的角色。在工作和生活之间取得平衡，已经成为这个时代的热门话题。能够把工作做得很完美，也能完美地抚育孩子的女性，简直可以称作超人了。工作上偶尔有些疏失，有时忽略了家务或照顾孩子，都是可以理解的。因此，不必责怪自己未能完美地完成所有事情。感到愧疚这件事，对母亲和孩子都不好。女性若是为了照料孩子导致无法工作而感到心烦，或是因为工作而无法好好地照顾孩子而战战兢兢，累积的压力最终可能会在孩子面前爆发出来。

对于职场妈妈而言，最需要做的事，就是抛开愧疚感，决定好事情的优先级，依据重要程度来处理事情。下班后，职场妈妈最该做的事，是跟渴望母爱的孩子一起玩耍，花10~20分钟的时间专心陪伴孩子，然后再去做家务。其实家务就算晚一点再做，天也不会塌下来，尽你所能地生活便已足够。职场妈妈照顾孩子的时间，当然不能与全职家庭主妇相比，但是切莫忘记，相较于数量，更重要的是质量。

如果你想好好养育孩子，必须给他适当的挫败感

即使是小事，只要能够独立完成，就会让人产生成就感，这种成就感会让人勇于挑战更艰难的任务，即使挑战失败，也会有再度挑战的勇气。然而，在孩子遇到困难时，很多父母会急于替孩子处理掉。很多时候，孩子其实是有能力自己解决问题的，但是父母没有给他们这样的机会。任何事情都由父母帮忙做的孩子，只要一碰到困难，就会先去找父母，而不会自己寻找解决方法。只要有一点点困难，他们就很容易崩溃。就像再多走几步路，就能学会自己走路的学步期的孩子一样，如果你在孩子将要跌倒时赶紧去抱住他，让他连跌倒的机会都没有，他可能迟迟都学不会走路。因此，如果你希望孩子健康地成长，必须经常给他跌倒后再站起来的机会，也就是要赋予他适当的挫败感，这样孩子将来才

能凭借自己的力量解决他所遇到的无数问题，度过危机。

现在的孩子经历的挫折太少了。只要孩子想要，无条件满足孩子需求的父母越来越多。这或许是童年时期在不富裕的家庭中成长的父母的补偿心理所造成的。这种只要想要就能立刻拥有的孩子，会非常缺乏忍耐力，控制欲望的能力也会明显偏低。天下没有白吃的午餐，也没有不劳而获的事，缺乏忍耐力的孩子，最后往往一事无成。相反，经历过挫折的孩子，则会知道只要再努力一点，就能有所收获。因此，令人沮丧的挫折或许有风险，但是通过适当的挫折，让孩子学习忍耐，让孩子知道他必须努力才会有所收获，这点对孩子而言非常重要。父母虽然应该保护弱小的孩子，但是请不要忘记，总有一天孩子需要自己迈向广阔的世界，培养其所需的能力至关重要。

孩子必须过孩子的生活，父母必须过父母的生活

为人父母并不容易。当孩子想做的事情跟父母的期待不一样时，若要父母不生气、不干涉，也不约束地去教导孩子，真的非常困难。每天帮孩子梳洗、喂食及照料，偶尔也会让人感到疲倦及烦躁。每当这种情况发生时，父母往往会心生愧疚，觉得自己对孩子不够有耐心。当然，这个想法并没有错，但是你不需要认为偶尔感到厌烦的自己是个坏妈妈或坏爸爸。

我有许多患者不仅想要成为好父母，更执着于必须成为模范父母。尤其是童年时期在不幸福的家庭中成长的人，更会强迫自己成为好父母。他们不允许自己拥有短暂的休息或闲暇的时间，认为必须把所有时间都奉献给孩子才是善尽父母之责。但是如果父母处于疲累及烦闷之时，还要勉强自己微笑，对孩子而言真的是好的吗？孩子其实很敏感，他们会感受到父母勉强的笑容，会担心是不是自己犯了错，父母才做出这样的表情，会怀疑是不是父母讨厌自己了，孩子会一直看父母的脸色。因此，当你感到很辛苦时，不妨暂时休息一下，调整好情绪后，再去面对孩子，因为孩子也不想看到辛苦又疲惫的父母。

想成为好的父母，必须从照顾好自己的生活做起。孩子有孩子的生活，父母有父母的生活。抛弃了自己的人生，然后把人生都寄托在孩子身上的父母，并不是孩子想要的父母；把自己未实现的梦想，转嫁在孩子身上的父母，也不是好的父母。当父母默默地过着自己的生活时，孩子会在一旁学习，并且准备过他自己的人生。因此，父母和孩子之间，最需要的是能够相互扶持并加油打气，疲惫时给予对方关怀，并说出自己的爱。

夫妻之间必须遵守的 5 条原则

在过去的年代，通常是丈夫在外面赚钱，妻子在家操持家务及养育孩子。现在，不管有没有生儿育女，夫妻双方都在工作的家庭成为主流。夫妻双方都想在社会上取得成功，为了实现自己的梦想，都希望配偶能成为自己的后盾。因此，婚后如何分担家务，如何养育孩子，成为具有争议性的问题。当夫妻两人结束公司繁重的工作回到家后，需要亲自准备晚餐、洗碗及打扫，家里大大小小的事都要处理，还必须支付家用开销。有了孩子后，还要照顾孩子，几乎没有时间分配给已成为“绿叶”的配偶。

如此一来，夫妻之间失去了对话的时间，只顾着处理眼前的问题，不知不觉地，配偶变成了不仅不会无条件地支持自己，反而还会把家事跟育儿责任都扣在自己头上的冤家。韩国作家赵南柱的小说《82 年生的金智英》里的女主角金智英正是如此。在公婆带来的压力之下，她结婚后很快就怀了孕，但是公司并不欢迎这样的职业妇女，她自己也在苦恼小孩生下后没有适当的托儿地点，于是她不得不辞去工作，然后生下了小孩。但是，并没有人分担她所承受的重担。她最后对丈夫大声怒吼道：

你能不能不要再说“帮”我了？帮我做家务，帮我带小孩，帮我找工作，这难道不是你的家、你的事、你的孩子吗？再说，要是我去工作，赚来的钱难道都只花在我身上吗？干吗说得好像是发善心帮别人做事一样？

撇开是非对错不谈，在现今社会中，认为家事跟育儿是女性的责任，而男性是“帮助”她的想法依旧相当普遍。如此一来，女性即便结了婚也不想生孩子，以免成为第二个金智英。然而，即使不生小孩，也并不意味着夫妻之间的冲突因素全都会消失。夫妻之间存在着诸多矛盾，对于爱与性等相关因素的意见分歧、男女之间的差异、如何处理与婆家或亲戚之间的关系、分别来自 20 多年甚至超过 30 年的不同家庭背景、不同的生活方式与价值观等，冲突因素不胜枚举。

即使是身为精神分析专家的我，也无法摆脱会导致夫妻关系恶化的因素。有时候我也会觉得婚姻生活太可怕，甚至曾瞬间产生想要离婚，打包行李一走了之的念头。然而，没有逃跑，且维持超过 30 年的婚姻生活后，我的领悟是，夫妻之间的距离可以说是最亲密，也最疏远。在如此微妙的夫妻关系之中，若要让妻子和丈夫都获得幸福，必须遵守的原则是什么呢？

不要对彼此期望太多

有一位从小失去父亲的患者，遇到一位宛如父亲般感情丰富且温暖的男人，并与他结了婚。但是她婚后才发现，丈夫与父亲截然不同。有别于只要她一撒娇就全盘接受的父亲，丈夫常说："亲爱的，我很累。"每当丈夫周末也要工作时，不但没有对她说抱歉，而且甚至一点都没有努力去试图安抚她的情绪。她对丈夫的冷漠感到愤怒，并说她无法再跟他一起生活。

她想从她丈夫那里得到她无法获得的父爱。但是丈夫并不是父亲，丈夫的爱和父亲的爱从一开始就不一样。因此，期待从丈夫那里获得父爱，本身就是一个错误。但是我们往往会跟她一样，对自己的配偶抱着太多的期待，特别是幼时曾经被家人伤害过的人，会将无法获得的情感需求转移至配偶身上，并因对方无法全然包容而埋怨对方。当然，因为认为两人是世界上最亲密的关系，会有对方应无条件包容自己的一切的想法，也是理所当然。但是，配偶并不是你的父亲、母亲或是兄弟、姐妹，想要从配偶那里得到你在幼时无法从家人身上获得的东西，这样的想法是错误的。因此，当你找不到你们的夫妻关系变糟的明确理由时，问题可能在你身上，而不是在对方身上。此时，有必要回顾一下内心曾经受的伤是否已经对现在的生活产生了不良影响。如果对方绝对无法提供你所要求的东西，那么，降低你自己的过度期望才是当务之急。

不要挑剔对方

美国精神科医生戴维·柏恩斯（David D. Burns）曾经对 200 对婚龄很长的夫妻进行问卷调查，目的是找出婚姻不幸福的原因，他认为至少可以找出 5~10 种因素。然而，调查结果显示原因只有一种，那就是挑剔。因此，柏恩斯把挑剔定义为破坏亲密关系的原子弹，并嘱咐大家不要挑剔配偶。心理学家约翰·戈特曼（John Gottman）教授所提出的破坏婚姻的四要素之一也是挑剔。

但是，实际上我们很难不挑剔配偶，因为夫妻长期共同生活在一起，即使感到不耐烦，还是必须讨论谁去喂孩子吃饭、谁去倒垃圾、明天回婆家时要带什么东西等，这就是夫妻关系。即便在失望或发火等负面情绪爆发之际，也无法避免必须持续面对彼此的状况。于是在某个瞬间，敏感的情绪会突然化为尖锐的话语去伤害对方，彼此开始撕破脸，非本意却脱口而出的话，在彼此内心留下了伤痕。

如果夫妻无法避免吵架，我们所能做的最好的事，就是无论怎么生气都不要说出挑剔对方缺点的话，尤其是针对学历或对方家庭的批评，以及侮辱对方人格的责难。此外，在生气时必须要有一段独处的时间，以便让自己冷静下来。唯有如此，我们才能避开互相挑剔的陷阱。

彼此不要忘记对方是“女人”和“男人”

结婚之后，随着岁月的流逝，我们最先忘记的事情之一，就是对方是“男人”或“女人”这样的事实。随着年华老去，夫妻看到彼此的脸时，内心不再悸动不已；分隔两地时不再彼此朝思暮想；也不再想要展现自己美丽或帅气的一面给对方看。有些人认为，在经过了一刻都离不开对方的热恋期之后，升华为舒适而稳定的爱情反而更好。但这不应该成为粉饰自己的懒惰或厚颜无耻的借口。此外，即便已经结了婚，想成为一个有魅力的女人或男人的渴望并不会消失。因此，如果你想维持幸福的婚姻生活，必须将对方视为一个男人或女人，尽可能努力去维持内心的悸动。

重视新鲜感的力量

我记得电影《爱在黎明破晓前》的女主角赛琳娜（Celine）曾经说过这样一段话："你昨天说过，老夫老妻会因为对彼此要做什么都一清二楚而感到腻烦和厌倦。我的观点恰恰相反。知道彼此如何梳头、穿什么衣服、什么状况下会说什么话，那才是真正的爱情。"然而，事实却与她的想法正好相反，夫妻共处的时间越长，越容易陷入熟悉感带来的认知误区。不知从何时开始，我们总是会挑剔配偶的缺点，对彼此感到疲惫又心烦。美国纽约州立石溪大学专攻爱情心理学的阿瑟·亚隆（Arthur Aron）教授曾经进行过一项有趣的实验，目的是找出维持长久婚姻生活的关键要素。他将平均结婚时间超过 15 年的 53 对夫妇分成 3 组：第一组每周共同进行一次让人觉得熟悉又愉快的活动，如看电影；第二组则一起做一些平常较少做的事，如跳舞、听音乐会等；第三组则是一如往常地生活。10 个星期以后，调查结果显示，第二组，亦即进行平常鲜少从事的活动的夫妻，对婚姻的满意度明显高于其他两组。这项研究结果发现，新鲜感是维持婚姻生活历久弥新的关键。无论多么忙碌或辛苦，夫妻最好能够找到某项新鲜的事来一起做，这项活动不一定要非常昂贵，只要有心，其实可以找到很多不花一毛钱也能享受人生的方法。

不要忘记最重要的人就是自己

我罹患帕金森病至今已经 18 年，当医生时是每天去医院上班，现在则是以病人的身份进出医院。当我因为太过疼痛而呐喊求救时，医生或护士虽然能替我打针、开处方，但是无论如何，疼痛只能由我自己来承受。在破晓时分，独自醒来等待疼痛减缓的煎熬时刻，是无比孤独与寂寞的。但是，当经历过了巨大的痛苦并逐渐好转之际，我对克服了痛苦的自己感到非常自豪。日复一日地克服痛苦而活到今日的我，终于明白了一个道理，那就是我的人生谁也无法取代，我的幸福、我的所作所为都是如此。过去，我曾经认为自己之所以不幸福，是因为嫁给了我先生，是他太过忙碌而疏于照顾家人所致。因此，顺理成章地，我埋怨并怪罪于他。但是为什么当时我不曾想过创造自己的幸福呢？

如同我先生无法代替我承受痛苦一般，我的幸福也不是他能为我创造的啊！能够让我感到幸福的，只有我自己。同理，我也没有责任必须让我先生幸福。领悟到这个道理后，我不再怨恨我先生，开始正视在一旁设法努力照护生病的我的他。即使人生是我自己的，但是身旁有个经常担心并关心着问“你吃过饭了吗？”“今天有没有好一点？”的丈夫，我感到相当幸运。因此我想对正苦恼着是否要离婚的人说：“随时都可以离婚。但是最重要的是你自己。这是你的人生，重要的是你不能在担心丈夫或孩子的生活时，为了他们的幸福而失去了自己。不要忘了，最重要的人是你自己。”

媳妇永远不可能成为女儿，女婿也不可能成为儿子

不久前，在我和好友们一起聚会的场合里，一位朋友说：“天啊！我没想到我的儿子竟然会这样。结婚后他只顾着他老婆。他怎么能这样对我呢？”我扑哧一笑，回应她说：“儿子结了婚当然要配合他老婆，为什么你认为他应该配合你呢？”朋友的儿子已经不是什么都不会，需要父母照顾的孩子了。他已经长大成人，遇到相爱的女子并且结婚共组家庭，凡事与自己的妻子慢慢协调契合才是对的。我也有个适婚年龄的儿子，非常理解朋友的落寞感。当我儿子遇到与他相爱的女子时，我内心深处希望他能说出“当然是妈妈更优先”的话，不过我也暗自告诉自己：“我不应该这么想。”

女儿结婚后，会多一个女婿；儿子结婚后，会多一个媳妇。我们在迎接新家人时，往往会在不知不觉间使用暴力。

将两臂交叉于胸前，以“当然是你要来配合我们家”的态度来看待媳妇与女婿的所有行为，对他们百般挑剔，仿佛只要不符合我们家人的期待就要当场解雇对方一样。这样当然会发现很多不满意的地方。然而，媳妇和女婿并非初入某公司，必须学习与熟悉该公司规矩的新进人员。他们其实是在截然不同的环境里生活了 20 多年甚至超过 30 年后才进入我们家，对我们家的文化当然毫不熟悉，就跟外国人没什么两样。

当你遇到完全不了解韩国文化的外国人时，会怎样对待他呢？你可能会亲切地向他介绍韩国的文化，万一有不合口味的食物，会建议他不要吃；如果他有不合宜的举动，也会尽量尊重彼此的差异，而且还会耐心地等待，直到对方适应韩国文化为止。婚姻其实也是截然不同的两种家庭文化的交流，因此婚姻中的双方需要尊重彼此的差异。如果希望媳妇或女婿能够早日成为家族的一名成员，而试图改造他们的话，只会让双方的关系更加尴尬。他们在截然不同的家庭里生活了那么多年，再怎么努力去配合，也不可能完全契合婆家或岳家的文化。自己的孩子也有不合心意的时候，媳妇或女婿怎么可能完全符合我们的心意？与媳妇或女婿一起生活的人不是我们，而是我们的孩子，他们终究将创造出有别于我们家的另一种文化。

因此，在迎接新家人时，具备开放的心胸非常重要。若是想要彼此融合，需要花费相当时日，所以必须给进入我们家这个陌生环境的媳妇或女婿一段适应期才行。此外，必须抛弃“只有我们家的方式才正确”这种固执己见的思维，认可并接受媳妇或女婿的优点。只要努力配合彼此即可，不要期待双方成为如同儿子或女儿般的关系。

我先生最近只要接到女婿的电话，就会向周遭的人炫耀说：“喂，你经常给岳父打电话吗？今天我女婿打电话给我了。”我们有了这个女婿才 2 年左右，我先生原本并没有特别期待女婿会打电话给他，所以每次接到电话时，都非常地开心；但是另一方面，他认为儿子理所当然应该打电话问候父亲，所以没有接到儿子电话时，他会觉得很不是滋味。像这样对儿子与女婿的不同期望，便是这两者之间的差异，这是无法跨越的鸿沟。女婿绝不可能成为儿子，同样，媳妇也永远不可能成为女儿。因此，婆婆所说的“我会把你当成自己的女儿对待，你也要把我当成自己的母亲对待”，是不可能实现的渴望。虽然婆婆是希望表达亲近之意，但是这句话讲多了，反而会给媳妇造成心理负担。

所有关系都有界限，认识到彼此的界限时，关系反而才会有所进展。最典型的例子就是婆媳之间的关系。苦恼着“为什么我跟婆婆还是不太合拍？”的媳妇，只要能想到“虽然不太合拍，至少婆婆还是关怀着家人的”，而婆婆能想到“虽然不太合拍，但至少与我儿子共同生活的媳妇很善良”，在不合拍的感情之间，自然会萌生感激之情。如此一来，不太融洽的关系就会逐渐改善，变得更好一些。若是能保持这种程度的距离，不就够了吗？

观察女儿的婚姻所领悟到的事

我女儿 3 岁时罹患了心脏病。做大手术前的某一天，女儿对我说："老天爷真坏。如果让一个人出生的话，就应该让他幸福快乐地活下去才对，为什么要让人生病呢？"听了这段话，我的心都碎了。为什么身为母亲的我健康无事，我的女儿却生病了？我到底做错了什么事，老天要让我承受如此严峻的考验？我真的很怨恨上帝。更令人沮丧的是，除了上帝之外，我没有其他可以依靠之处。当时我祈求上帝，要我做什么都可以，只要让我女儿活下去。幸运的是，手术非常成功，女儿恢复了健康。从此之后，我放弃了对女儿的所有期盼，只希望她能够健康长大。转眼间，女儿 27 岁了，还带了一个想要共度一生的男人回家。

"任何人都必须尝试摆脱父母或老师的羽翼，迈步向前才行。"

这是德国作家赫尔曼·黑塞（Hermann Karl Hesse）的《德米安：彷徨少年时》一书中出现的一句话。34 年前，我结了婚，离开父母的怀抱，当我怀着即将开创自己人生的悸动心情独立时，完全无暇顾及父母的心情如何。然而，3 年前当我女儿说要结婚的瞬间，我并不是很开心。我希望女儿能留在自己身边久一点，面对兴奋地准备结婚的女儿，有时我心里会感到难过。女儿看起来年纪还很小，我却不得不把她送到另一个家庭。那时我才意识到自己进入为人父母的第二道关卡，就是不再扮演把孩子拥在怀中，保护及照顾他们的角色，而是成为送走长大成人的子女，守护着子女成家立业的角色。回顾那个在女儿独立前心慌意乱的自己，我想，对子女的独立真正感到害怕的人，或许不是离巢的子女，而是必须送走子女的父母。

父母想看到孩子很潇洒地独立，生气蓬勃地去开拓自己的人生，却又无法接受子女真正地独立门户。他们隐隐约约地告诉孩子“你不太了解这个世界，这是一个非常危险的地方”而让孩子心生胆怯。因为唯有如此，子女才会因害怕而不敢离开自己。父母往往期盼子女能够一如往常地依赖自己，始终维持着紧密的关系。然而，父母越是想要阻止孩子独立，孩子就越会跟父母唱反调。于是，从阻止自己独立的父母身边逃离，变成孩子的一个目标，但是真正独立时，却又不知道该如何是好，只得在人生道路上徘徊。因此，如果希望自己的孩子成为社会上堂堂正正的一分子，并且能好好地生活下去，父母应该适时消除将子女绑在身边的欲望。

独立虽然很好，但也是件让彼此关系变得疏远，令人感到悲伤的事。但是，实际上，子女的独立并不会让父母与子女的关系疏远，而是使关系进一步升华，让彼此改变角色的一个过程。当子女必须独立并组建自己的家庭时，父母所能做的就是脱离原本绝对保护者的角色，成为一个提供稳固后援的大本营。在攀登诸如喜马拉雅山这种高山时，探险队通常会先建立一个大本营。它是一个探险队休息及进行万全准备的前哨站，也是避风港。探险队试图攻顶却不顺利时，会先返回大本营休息及补充元气。成年的子女所需的正是这种“大本营”。在失败或遭遇挫折时，能够暂时先回来，放松地休息并获得抚慰，这个能够确认自己并非孤军奋战，可以获得再次挑战的能量的地方，就是称为“家庭”的大本营。

对疲惫且辛苦的子女而言，相信其可能性的家人将成为其依靠的力量。为了攻顶而努力去挑战是孩子的本分。我们或许会对独立的子女感到不安、不信任及担心，但是我们不能对子女的人生指手画脚，更不应该试图掌控及撼动子女的人生，那只会给子女造成精神负担，在其内心留下伤痕。父母能够为离巢拓展自己人生的子女做的事，就是祝福与鼓励他们，激励其士气。如此一来，独立的子女才不会觉得是迫于义务，而会发自内心地经常与父母联络，这样家庭才能真正承担起“大本营”的角色。

“母亲不是让子女依赖的人，而是让子女不再依赖的人。”这是美国作家多萝西·坎菲尔德·费希尔（Dorothy Canfield Fisher）在小说《媳妇》中，总结母亲的角色时，所写下的一句话。我在看到女儿婚姻生活的模样后，重新体会到这句话的意义。至今我仍将女儿视为一个需要受到保护的孩子，但是我发现她已经成为一个真正的大人了。偶尔跟女儿通话时，我会觉得很多事情女儿做得比我还好。那时，即使我什么都没做，心里也会感到十分欣慰。所以我认为，父母与成年的子女能给对方最大的礼物，是让对方看到自己正过着幸福的人生吧！有时因为彼此太过忙碌而疏于联系，可能真的不知道对方过得如何。但是无论如何，彼此之间的关系绝不会疏远。3 年前，女儿怀了她期待已久的孩子，不久后却又流产时，我静静地拥抱着女儿，并且对她说：“这不是你的错，知道吧？”这样就够了，不是吗？还需要多说些什么呢？

相爱的恋人之间所需的最佳距离

“我非常爱他。如果他离开的话，我宁可死。”

“在我跟他交往期间，我从来不曾好好地跟其他朋友碰面。我觉得快窒息了，再这样下去，我可能会死掉。”

他们是一对一见钟情后，宛如中了魔法般迅速坠入爱河的恋人。然而，一年后的今天，不能忍受片刻看不到男友的她，调整了自己的全部生活作息以完全配合他。而男友似乎因为她 24 小时“监视”着自己的一举一动感到痛苦不已。

一年前刚开始谈恋爱时并非如此。当时他们听到对方的声音，内心就会悸动不已；吃到美食时，心里就会想下次一定要跟对方一起来吃；看到美好的事物时，会因为没有与对方一起来而感到惋惜……无论做什么事，他们都会先想起对方。因此，只要跟对方一分开，他们就立刻又会想再看到对方，于是整个晚上抱着电话不放，情话绵绵。他们仿佛找到了自己遗失的另一半似的，欣喜之情涌上心头，陷入热恋而浑然忘我。为何才一年，这样一对甜蜜的情侣就饱受痛苦的折磨呢？

当人们提及“爱情”一词时，往往就会想到“坠入爱河”，但是那并非爱情的全部。爱情是从坠入爱河的阶段开始，经过“谈恋爱”的过程后，再进入“真爱”的阶段。坠入爱河的两人会与世隔绝般，因融为一体而欣喜若狂；然后在谈恋爱的阶段，通过逐步调整各自的步伐至同一个方向，共同创造一个新的世界；最后进入真爱的阶段时，则可以在舒适又温暖的关系中休憩，获得在人世间活下去的力量。

然而，当炽热的感情降温时，我们往往会怀疑爱情已经变质，仿佛爱情已然消逝，感到悲伤和焦虑。其实热情如火的爱情，是因为与外界隔绝，专注于两人关系所致，它会给工作及与他人见面等日常生活带来障碍。过度的热恋的火花，会让两人甚至其周围都变成废墟。只相信热恋才是真正爱情的人，最终将无法抵达真爱的阶段。因为，他们会为了再次尝试那种合而为一的刺激及喜悦另觅他人。

即使很幸运地通过了这个阶段，也未必就能立刻进入真爱阶段。如果想要长久维系爱情，你还必须通过所谓“独立及相伴”的关卡。人们渴望与他人亲近，但又希望能保持自己的独立性及自主性。当我们与某人变得亲近时，内心会出现害怕完全被对方吸引而失去自我，或是任由对方摆布的恐惧，于是自然而然地产生想要维持自主性的欲望。因此，如果某一方处于无法忍受分离的状态，另一方就容易因为自主权受到侵犯而感到愤怒，进而产生矛盾，就像前述的那对情侣一般。因此，为了维持长久的爱情，在两人保持亲密的同时，也必须忍耐彼此分离。亦即，需要保持能够“既亲密又独立”的距离。

婴儿只要与妈妈暂时分离就会感到不安。因为婴儿曾在妈妈的肚子里，与妈妈连为一体，出生后才与妈妈分开。婴儿随时随地都在寻找妈妈，妈妈只要用爱的眼神予以回应，婴儿就会感到安心，即使独处也不会过度感到害怕。相信妈妈会一直守护在自己身边的孩子，长大后即使独自一人，也不会感到不安。相反，如果孩子在寻找妈妈时，没有看到妈妈，将会十分担心妈妈就此离开自己。在这种焦虑中成长的孩子，通常长大后也不喜欢独处，而且会不时担心自己心爱的人将弃自己而去。因此，他们会将自己所有的一切奉献在这段关系里，同时想要宛如变形虫般与对方合而为一，就连短暂分离也无法忍受。但是这样的爱会让对方感到窒息，最后导致对方离开。

因此，如果想要与心爱的人维持长久的爱情，就要拥有在亲密关系中既可以甜蜜相伴，又具有独处的能力。情侣之间必须对亲密与分离达成共识，让彼此能够大方地说出自己想要定期顾及与他人的关系，要能够体谅对方，让对方可以暂时从自己身边离开。通过这样的过程，恋人们即使独自做事，也能怀着对方一直与自己同在的信念，并且对彼此衷心感谢，达到真爱的状态。

相爱的恋人之间，越是相爱，越需要距离，也就是必须拥有“既亲密又独立”的距离。若是偶尔因为距离太远而感到不安，哈利勒·纪伯伦（Kahlil Gibran）的诗《在你们的依偎中保留几许空隙》或许足堪慰藉。

在你们的依偎中保留几许空隙。
让天堂的风在你们之间舞动。
彼此相爱吧！但切莫让爱成为束缚。
让爱如波动的汪洋般，
在你们灵魂的两岸间奔流。

斟满对方的杯盏，但莫共饮一杯。
给予彼此面包，但莫分食同一片面包。
一同歌唱、跳舞、共同欢乐，但让彼此各自独立，
正像弦乐器的弦线，彼此独立分开，

却可以合奏出音乐。

献出你们的心，
但不要将自己的心交给对方保管，
因为只有生命之手才能收藏你们的心。
站在一起吧！但不要靠得太近。
神庙的廊柱也是彼此分开竖立，
橡树和柏树亦无法在彼此的阴影下生长。

不要因为孤独而随便与人交往

不要哭泣。

因为人是孤独的，

生活就是忍耐孤独寂寞，

不要等待无缘无故不来的电话。

下雪时，漫步在雪路；

雨来时，在雨中走走。

芦苇丛林中，黑色胸脯的鹬鸟正看着你。

偶尔上帝也会因孤独而落泪，

鸟儿也因孤独而栖息在树枝上，

你坐在水边，也是因为孤独。

山影也因孤独而每天一次降临村庄，

钟声也因孤独而悠悠回响。

——郑浩承《致水仙花》

人生在世，偶尔会有巨大的孤独感席卷而来。此时，孤独会让我们感觉自己是一无所有的人、什么都不是的人。由于伴随而来的是难以忍受的痛苦，大多数人都害怕孤独，因此会尽量避免孤独，甚至强迫自己与他人建立关系。

但是人们也非常害怕自己的心灵受到伤害，因此会与他人保持适当距离，不轻易与他人深交。因为如果想要与他人建立亲密的关系，就必须坦露自己的内心，然而人们总是害怕揭开自己脆弱又卑微的内心的瞬间会让他人感到失望。因此，他们试图掩饰自己的自卑和无助，虚张声势，做不到的事情，也趾高气扬地假装自己办得到。这种自我炫耀的满足感，就像美丽的肥皂泡，只能依赖他人的惊叹和欢呼来维持。对于这样的人而言，他人只是用来展示自己有多么优越及不凡的工具而已。

因此，即使他们爱上了某人，如果对方无法再满足他们，或他们本身显露出会让对方感到失望的弱点，他们也会立刻提出分手。他们在分手时会很干脆地收回自己的感情，好像什么事都没发生似的，轻易地一去不回，然后很快地找到另一个对象。他们的恋爱方式，就是享受激烈的快餐爱情，易于感到挫折及愤怒，然后把责任转嫁给对方，随随便便就提出分手。如果有人规劝他们“不要再这样了，找个人认真交往吧”，他们只会说“太累了，一个人比较轻松自在”。

这种类型的人讨厌孤独，更讨厌受伤，只喜欢淡淡的交往关系。然而，为什么他们明明随心所欲地活着，却依然饱受慢性焦虑及空虚感的折磨呢？他们虽然努力装酷，但是内心深处却隐藏着一个因为未曾获得他人好好的关爱及照顾而心灵受伤的小孩。这个小孩认为，不完美的自己永远不会被爱。所以，亲密与分离同样都是痛苦的事，因为若要与他人亲近，就必须暴露出自己不完美的内在。这其实是一种错觉。人们并非因为不完美而不被爱，而是由于害怕受伤而没有敞开心扉，不能全情投入。

其实，如果你只喜欢浅交，受到伤害的概率反而更大。因为在趾高气扬的外表之下，你会担心隐藏在内心的不堪被发现，故而总是焦虑不安，同时也会怀疑对方是否也隐藏着什么，导致彼此不断猜疑，疲惫不堪。因此，缺乏真诚的交往，会让人变得疲惫及空虚，最后只会备感孤独。

每个人都希望即使自己长得丑、不会念书、不擅言辞、个性粗心大意，甚至什么都不会，别人仍能够爱自己。想要达到这个目标，我们必须有接受伤害的觉悟才行。即使彼此再相爱，也不可能完全理解对方，发生冲突在所难免，为了解决这些冲突，我们就需要承受大大小小的伤害。

如果放任因为害怕受伤而在内心暗自哭泣的孩子不管，那个孩子就永远不会长大。我们必须给那个孩子抚平伤口、重新站起来的机会。幸运的是，爱将使它成为可能。你看过相爱的人们像孩子一样说话，玩着幼稚的玩具还咯咯直笑的模样吗？那就像回到了过去，因饱受伤害而不敢被爱的孩子呈现出了再次渴望被爱的模样。不过，有别于过去的是，这次是爱的降临取代了伤害。“我漂亮吧？”当我们这么问时，我们所爱着的那个人会回答：“你不管做什么都很漂亮。”获得这样的回应时，我们内心的那个小孩会感到幸福，再次获得成长的勇气。无论如何伤人，人们仍然不断地去追寻爱情的理由，就在于此。因为世界上最幸福的事，莫过于彼此相爱，而我们的人生，也会因此而少些落寞。

所以，不要因为孤独而随波逐流。韩国的法顶禅师对于所谓的结缘，曾经做过一番诠译。他说：“不要随随便便地与人结缘。必须在区分真正的缘分和擦肩而过的缘分之后，再来结缘。真正的缘分，是竭尽所能缔结好的因缘；而擦肩而过的缘分，是无意间的一瞥而过。如果不区分两者，而与遇到的所有人都随意结缘，可能会为不好的缘分而耗损时间，导致无法与真正值得相遇的人结缘，生活会因而偏离正轨。”人的一生中，美好的缘分是能够让我们自己与对方都能够真正成长的关系。若是随便与人交往，随波逐流地生活，这样的人生，不是太可惜了吗？

对于爱情最起码的礼节

根据美国心理学家艾里希・弗洛姆（Erich Fromm）的说法，"给予"的意思是发挥自己的潜力。换句话说，我们活着是为了充实自己，分享自己的能力与力量给他人。因此，通过爱将自己拥有的东西分享给别人，是一件相当有意义的事。

在现实生活中，给予并不是一件简单的事。究竟给予什么，对方接受与否，都要随各自心意。当我们爱上别人时，自然也希望被爱。但是，如果有人说自己对感情不抱任何期待，觉得只是单纯地爱对方就已足够，最好先探究一下他的内心。因为这种无条件的给予，必定有其缘由。

无论多么相爱，你也不能随意对待我

有一个不太会发脾气，总是说没关系的男子。他对一名女子一见钟情，追求了 2 年后，终于开始正式交往。凡是她想要的，他都尽量满足她。他不仅为了她戒烟、戒酒，还因为心疼她乘车上下班辛苦，把自己的车让给她开，因此导致他自己的通勤时间从 50 分钟延长至 2 小时，但他觉得甘之如饴。不仅如此，两人约会的所有费用都由他支付，甚至当她说想跟朋友去海外旅行但是没有钱时，他马上拿出自己的积蓄给她当作旅费。后来他才知道，她是跟其他异性去海外旅行。对她而言，他不过是负责付款的银行卡，是需要时可以随叫随到的搬运工及代理司机而已。尽管如此，他还是说没关系。他一再表示，只要他爱她，总有一天她会明白自己的心意，就算不明白也没关系，给予就是一种幸福。

在恋爱关系中，当一个人更爱另一个人时，爱得更多的那个人，往往会变成弱势的一方。弱者会非常关注对方的情绪，努力去配合对方，即便对方不知道他的诚心及关怀，他依然会这么做，而且唯恐对方会由于自己的错误而离开，所以总是战战兢兢。

这位无论对方做什么事都说没关系的男子，也是爱情里的一名弱者。然而，当对方利用这份爱与信赖而随意对待他时，他应该阻止。因为任何人都没有权利不尊重，甚至任意侮辱或伤害他人。他的行为等同于允许她随意对待自己，他却误以为这就是爱。有一句话说："太痛苦的爱不是爱。"我们所爱的人不爱我们，虽然是件非常悲伤的事，但是如果坚持这样的爱，只会毁掉自己的人生。在我面前坚称没关系的这名男子，最后还是哭了出来。他再也无法忍受这种状况，认为把一切都奉献出去却一无所获的自己实在太悲惨了。几个月后，他寄了一封问候信给我，说跟她分手没有想象中那么难受，虽然自己嘴上一直说着没关系，但是知道她真的不喜欢自己时，还是分开比较好。

在分手前，不要装酷

"我们分手吧。"

接到单方面的分手通知时，没有人会毫不在意。从某种意义上说，失恋是所爱之人的死亡，也是爱人之人，即自己的死亡，是两人所创造之世界的死亡。因此，失恋有时比死亡更令人痛苦——那种认为自己才是对方唯一之爱的幸福感消失了，只有萎靡又没有价值，而且毫无意义的自己被留在原地。但是失恋所带来的最根本及普遍性的痛苦，在于我们将自己从未向任何人坦露过的内心深处呈现给对方看，对方却离开了自己。特别是自卑的人，会认为是因为自己的内心太过卑微及丑陋，才会被对方抛弃。

因为分手而太过痛苦的人，有时候还会做出一些不太合适的举动。例如经常打电话给对方，听到对方的声音后一语不发地挂掉电话；偷偷到对方的脸书（Facebook）或照片墙（Instagram）去确认对方跟谁见面、做些什么事等；哭哭啼啼地纠缠不停，有时候还会控制不住突如其来的愤怒，追问对方“我到底做错了什么？”，最后才慢慢地接受对方不再回头的事实。这是一种悼念的过程，在愤怒、悲伤过后，把与所爱之人的回忆铭刻于心，然后在心里与对方说再见。悼念是接受分手的过程，也是很多失恋的人经过的历程，唯有好好地完成它，才能再度拥有没有对方也能好好活下去的自信心，重新找回生存的力量。虽然相爱已成往事，但是那份爱却成就了目前的自己，也让别人感受到自己的成长。

站在精神分析师的立场来看，我认为在接受并克服失恋的过程当中，表现出迷恋或放不下的样子，反而是健康的表现。爱有多醉人，就有多伤人。在被提出分手时装酷的人，无法坦露自己所感受到的伤心，他们在分手后的第二天，往往会假装什么事都没发生，一如往常地过日子，或是故意装得很开朗，或是理直气壮地去发展一段新恋情。

那些未能好好地悼念逝去的爱情，就急急忙忙地掩饰伤心的人，反而会被过去所束缚。悼念是把过去将彼此联系在一起的关系解除，承认分手的事实。如果一直沉湎于过去，将无法接受新恋情。即使有了新的对象，也会因为无法忘怀与旧恋人的回忆，而无法好好地对待新恋人，甚至还会经常将新旧恋人加以比较，希望听到别人说自己做了更好的选择，借此抚慰自己受伤的自尊心。如此一来，新恋人在不自觉的情况下，做了过去恋情的代罪羔羊。因此，如果我们努力假装没事，匆忙地掩饰分手带来的痛苦，可能会搞砸下一段恋情。

所以，面临分手时，不要努力装酷。在单方面被提出分手时，当然会感到悲伤和痛苦，但是倘若坐视不理，伤口将难以愈合，下一段恋情也无法好好展开。分手只是与对方恋爱关系的结束，并不是你整个人生的结束。你仍然是一个值得被爱的人，对方离开了你，绝不会影响你存在的价值。没有人可以随意贬低你存在的价值。再可爱、漂亮、优秀的人，都可能会失恋；而看起来略逊于别人的人，也可能不曾失恋，过着幸福的日子。

因此，面临分手时，正确的应对之道绝非极力压抑分手的痛苦，装作若无其事地过日子。我们不需要害怕或逃避那种悲伤、痛苦或是气愤的心情，必须好好地等待这一切复原。接受分手这件事需要时间。我们不要害怕去经历这样的时间，而且必须好好承受，这么做并不是为了那个离开的人，而是为了我们自己。这是为了过好自己珍贵的人生，以及更好地开始下一段恋情。

无论是相爱还是分手，抑或谈另一段恋情，我们都不能忘记的是，真正的主体其实是“我”。爱情让“我”感到快乐与幸福，能够克服分手的痛苦的人，也是“我”。坦然接受失恋、不装酷，也是我们面对逝去的爱情，必须具备的最起码的礼节。

第 5 章

我们和朋友之间所需的距离：46cm~1.2m

总是说很忙的人最后感到后悔的事

有一天，我的朋友传给我一段对话，据说是出自《小王子》的故事。

小王子问狐狸："你知道这世界上最困难的事情是什么吗？"

狐狸说："我不知道。是赚钱吗？是吃饭吗？"

小王子对歪着头露出不解神情的狐狸说："世界上最难的事情就是赢得人心。"

我曾经读过《小王子》好几遍，但是不记得看过这段内容。我又把书翻出来看，却找不到相同的部分，才知道这不是《小王子》书中的内容，而是有人根据自己在生活中的感受，仿照《小王子》的对话情节杜撰的。难怪起初我读了这段话后，也觉得颇有同感，有什么事比赢得人心更困难呢？

人们为了获得某人的心，往往会先尝试一两次，如果不能如愿，就会放弃，然后觉得这样反而更好，否则即便一时虏获某人的心，但人心难测，不知道什么时候对方又会改变心意，自己白费工夫。

不知从何时起，我们也开始讲究经营人际关系的效率。现代人一边大喊着“快点、快点”，一边拼命追赶着变化无常的世界。人们虽然抱怨忙得连吃晚饭的时间都没有，但是马上又为了参加自我进修课程而不遗余力，好像在跟别人打赌，看看谁活得更认真似的。无论是为了赚更多钱，还是清偿债务，或者活得更舒适，我们都没日没夜地忙于工作。那么，在这种情况下，谁会对人际关系这种低效率的事情感兴趣呢？

所以我们经常一再推延的事，就是经营人际关系。为了赢得人心，必须花费许多时间。人与人从初相识到敞开心扉，需要经历相当漫长的时间。如果借由时间的累积可以让彼此的关系更加深厚，自然是很好，但是有时候良好的关系也可能一夕之间就化为乌有。尽管我们费尽心思地拨出时间与恋人见面、与朋友们聚会，也不能保证一切都会顺利进行，这是多么低效率的事情啊！

因此，当人们忙于生活时，可能会忽略经营人际关系。

大家都认为人际关系对人生而言虽然重要，但并非最急迫的事。所以当许久不曾联络的朋友发出邀约时，人们常常以必须先处理好手边的急事为由而加以婉拒，并礼节性地说改天再碰面。但是这一天永远不会到来，因为必须执行的待办事项只会越来越多。

越是以这种方式来拖延人际关系的经营，日后越会徒留遗憾。因为建立一段关系需要相当时日，如果一再拖延，身边的朋友会越来越少。朋友并非住在一起且关系紧密的家人，而且也不是曾经在一个生活空间共处，就都能够成为朋友。如果想要跟身边真正关心我们的人见面，继续维持彼此的关系，必须先找出可以共处的时间。

在《小王子》一书中，狐狸告诉小王子：

"你为你的玫瑰所花费的时间，使你的玫瑰变得那么重要。"

小王子为玫瑰浇水，为她装上挡风玻璃罩，捕捉毛毛虫。当玫瑰抱怨时，即使她只是夸大其词，小王子也默不作声地倾听她所说的话。长期共处所累积的回忆，使得小王子和玫瑰成为彼此珍惜的对象。

在现今社会中，每个人都是时间的俘虏，把时间留给我们珍惜的人，正是向对方传达自己心意的最佳方式。唯有不受时间限制，能敞开心扉愉快地相处，关系才能得以进一步发展。如果只是偶尔留个讯息、打次电话，是很难与对方建立稳固的关系的。跟自己珍惜的人共处，将能消除烦恼与焦虑，让你享受快乐的时光。“时间怎么会过得这么快？”让你拥有这种感觉的聚会越多，你就会越快乐。

在百忙之中抽出时间，原本就不是一件容易的事，而且每个人花费时间的方式也不尽相同，所以最好不要为聚会制订让人感到疲累的计划。重要的是能够相聚在一起。当有人打电话给你时，请不要说“我很忙”。有谁会愿意对那些说自己很忙的人诉说自己的心里话呢？

最好的建议就是好好倾听

跟别人讲自己不如意的事情，往往会让对方变得沮丧或心里不舒服。其实把话说出来，并不会改变困顿的现况，坏事也不会就此消失。但是当我们说出来的时候，人们往往会假装安慰，结果却离我们远去。所以大家后来才会都改成说“我很好”！我们有时候会有“我真的很累”“我连坐车的钱都没有”的情形，然而明明如鲠在喉，却还是硬生生地把话吞下去。

这是韩国小说家徐类美在《神奇的蚂蚁地狱》一书中所写的一段文字。人们明明很寂寞却又假装不孤单，明明觉得很累却又表现得一派轻松。他们虽然对别人说“我很好”，但是又希望有人能够了解自己其实很累，而且很寂寞。不知从何时开始，当我们听到对方说“我很好”之后，就不会再追问下去。这是因为我们自己的生活已经过得很疲累，没有余力去听别人谈论他们的事情。而且，对于别人的困难，我们常常也帮不上忙。那些在别人说出自己的烦恼后不知如何安慰对方的人，会觉得跟人见面很有压力。他们想帮助别人排解负面的情绪，却不知该说些什么才好。对于这样的人，我会对他们说：

“每个人都想说些关于自己的事情。如果你认为自己口才不好，只要好好倾听对方的话就行。善于倾听的人并不如我们想象中那么多，如果你能好好倾听别人的心声，对方其实就会很感激你。”

虽然他们以怀疑的眼光看着我，心想这算哪门子的解决方案，但是最后往往会发现，好好倾听别人说话，并不是一件容易的事。当别人将自己的遭遇事无巨细地表达出来时，我们往往会觉得对方抓不住重点，并因此而心情烦闷，我们会不知不觉地打断对方的话，或是焦急地问“所以你真正想谈什么？”，这实在是相当令人尴尬的局面。

为什么精神分析十分重视倾听？

有一天，一位患者来找我看诊，一坐下来就问我是否能帮助他。他说过去 5 年来，他在别的地方接受治疗，那些医师都没能够妥善地提供帮助，所以他想知道我是否也没有能力办得到。我回答说，精神分析是在充分了解患者为什么这么想，为什么无法摆脱这样的想法，为什么难过或生气之后，试着解读患者的心态，而不是直接帮助患者。如果想要摆脱过去的创伤，还是要靠患者本身的力量才办得到。不过，他还是一直问我是否可以帮助他。我很疑惑他为什么老是执着在这个问题上，我需要通过一个测试来寻找答案，所以小心翼翼地问道："你小时候曾经向周围的人寻求帮助，但是没有人立刻伸出援手，对吧？所以直到现在，你都一直在寻找可以帮助你的人。"

听完我的话，他突然开始啜泣，说出自己年幼时常常身边一个人也没有，他觉得非常孤单。此时他才发现自己问题的根源所在，接着放声大哭，而且哭了好一会儿。当他回想起那个小时候因为太难过，连哭也哭不出来的自己时，才真正面对了这个伤口。

患者通常希望身为医生的我能够立即帮他们解决所有问题，告诉他们可以马上消除痛苦的方法。然而，身为一名精神科医生，我首先应该做的就是引导患者，与患者一起找出他们如此痛苦的原因，以及隐藏在背后的创伤是什么。此时最需要的就是倾听，患者在向我讲述他们的故事的过程中，就能够好好地理出头绪，逐一找出过去困扰着自己的问题所在，然后面对那些因为害怕而隐藏在内心深处某个角落的伤口，并且试着去抚平它们，如此一来患者才能挥别充满阴霾的过去。

如果我立即提供解决方案，患者就能更快速地摆脱创伤？我从来不这样认为。无论多么优秀的人，都不喜欢陌生人在不了解自己的状况下就随便提供建议。即使是一个自己熟识的人，如果对方没有好好听完自己所说的话，就贸然地提出忠告，我们往往也会婉拒对方的意见。我们会觉得对方认为我们没有能力解决问题，所以才让我们按照他说的做，对方想要操控我们，这让我们感到很不开心。所以在没有充分了解对方的状况下，就轻率地提出建议，绝对不会产生什么好结果。面对患者时也是如此。身为医生的我，如果马上就提出解决方案，那么患者可能无法意识到自己有足够的能力去解决问题，而且会认为如果没有别人的帮助，自己什么也不是，因而自我贬抑。当然，这对治愈伤口没有任何帮助。

对方最期盼的其实是你的聆听

因此，如果有人需要你，那么他所期待的并不是什么了不起的建议或忠告，而是需要一个能够陪伴着他，真诚地倾听他的故事的人。人们通常都很清楚自己下一步该做什么，所以你能做的只是静静地待在他身边，听听他想说的话而已。即使你觉得对方的认知有误，你的看法才是对的，也要先站在对方的立场，从头到尾地听他把话说完。无论如何，在对方说话的过程中，不要试图批判他。你必须相信对方有能力自行渡过难关，并且耐心等候。因此，最好的建议就是倾听！

只要有个真心的朋友，就是成功的人生

在法国电影《触不可及》中，男主角菲利普（Philippe）是个处于社会顶层的百万富翁，但是由于全身瘫痪，颈部以下都无法动弹，也没有任何感觉，余生只能在轮椅上度过。他想要寻找一个可以照顾自己的看护，年轻的黑人德里斯（Driss）出现在他面前。刚从监狱获释、身无分文的德里斯，为了领取政府的救济金，需要凑够 3 次找工作被拒绝的证明，所以他拜托菲利普在他的证明书上签字。然而，菲利普对德里斯感到很好奇，决定聘用他，又用激将法，说他坚持不了 2 个星期。德里斯十分喜爱菲利普的豪宅，决定接受赌注，于是这两个男人就展开了令人叹为观止的同居生活。

这部电影节奏轻快地描绘了雇主菲利普与他的看护德里斯成为朋友的过程，特别的是，他们两人迥然不同。人们

羡慕菲利普的财富，同时也同情菲利普的残疾；但是对于德里斯来说，菲利普只是一个与自己拥有类似欲望的人。所以菲利普认为："有了德里斯，我忘记了自己是个残障人士。"他对那些提醒自己要小心德里斯这个坐过牢的人的亲戚说："德里斯的出身和背景如何，对我而言一点也不重要。"德里斯也因为菲利普接受了自己的过去，不把自己当成一个坐过牢的人，而向菲利普敞开心扉。于是，他们两个人一起开心地大笑，伴行在巴黎的夜街，有时抽着烟，有时互相倾诉心事，渐渐跨越了残疾、贫穷、品位、种族的隔阂，成为一对心有灵犀的朋友。菲利普后来对德里斯说："能够遇见你，我好幸福。"这真是最好不过的赞美了。还有什么比某人因为我的存在而感到幸福，更令人高兴的事呢？

"你有多少朋友？"

我们经常被问到这个问题。有多少人能够毫不犹豫、自信地回答出来？我不禁想起有些一度很要好，但是不知何时开始失去联系的朋友；有些曾经时刻不离，但是由于误会及争吵而疏远的朋友；有些我认为彼此很亲密，但是不确定对方是否也这么想的朋友。如果曾经相约要做一辈子朋友的人，现在连一个月打一通电话问候，都变得很困难的话，那么不得不让人怀疑："我们真的是很要好的朋友吗？"

从某种意义上来说，朋友之间并没有任何义务，而是出于自愿来为对方着想。大多数的碰面都是为了某些目的，唯有朋友之间只是因为想见而聚会。我们真心希望朋友过得很好，并且通过与朋友互为借镜而共同成长。所以，所谓好朋友就是即便我们现在毫不起眼、默默无闻，也能够了解我们的潜力，并且鼓励我们的人，是陪在我们身边，引导我们变得更好的人。就像电影《触不可及》的男主角菲利普所言，我也认为友谊是能够让人感到幸福的事情。

友谊并非恒久不变。通常，儿时的邻居友人或学校同学，会随着时间的流逝自然而然地疏远。或许是搬家，或许是从学校毕业，各自从事不同的工作，尤其是结婚生子之后，真的很难得碰面。随着工作的日益繁重，以及必须费心照料孩子们和父母亲，所以我们很难与朋友持续保持情感的联系。因此，只留下过去在人生的某一段过程中，曾经共度和互助的成长经历而已，对彼此现况的了解，远比想象中少得多。即便如此，如果拥有曾经深刻地分享彼此人生经历的朋友，也是很幸运的。若是能够拥有一起回忆往日时光的朋友，那更是相当值得祝贺的事。

事实上，除了因为忙碌而导致朋友之间彼此疏远外，更容易威胁到友谊的是嫉妒。嫉妒是指看到别人的表现比自己杰出，或是更成功时，觉得不甘心或生气的一种心态，也就是见不得别人好。当朋友遇到高兴的事情时，嫉妒心过强的人可能不仅不愿给予祝福，甚至还想把他整得很惨。因此，在强烈的嫉妒心的作用下，在某一瞬间，曾经最亲密的朋友，可能就成为最大的敌人。因为我们曾经向密友所吐露的心里话，可能会成为对方用来伤害我们的利器。

每个人都有嫉妒的心态，只是程度有差异而已。有一天，有个患者对我说："医生，我听说朋友生病住院的消息，却觉得他活该。因为他一直都是一副很骄傲的样子，所以我觉得这样反而好。当然，在他面前，我还是假装很担心他。我真的很害怕这样的自己。"电影《三傻大闹宝莱坞》中有一句台词说："你朋友不及格，你感觉很糟；你朋友考第一，你感觉更糟。"令人惊讶的是，表面上假装情深义重，私底下却希望朋友遭遇不幸的人为数不少。所以我们不必因为产生嫉妒心态而过于自责。不过，那些深知朋友重要性的人，明白嫉妒不仅伤人也伤己，所以他们会努力不让嫉妒泛滥。如此看来，当朋友遇到一些喜事时，真的不是任何人都可以真心地表达祝贺之意。

某一天，我因为痛到无法忍受，一整天都卧病在床。由于太过疼痛，我无法打起精神，当时有人默默地握住了我的手。我紧紧地抓住那只手，并且祈祷着能够停止疼痛。后来，当我重振精神抬头一看，原来她是我的高中好友。在痛不欲生的日子里，我特别想念我的朋友。而且朋友们好像与我心灵相通似的，在百忙之中专门跑来找我。她们告诉我说：“惠男呀！无论你变得如何，只要像这样持续待在我们身边就好。”因为有她们的陪伴，多年来我才得以承受住苦难。对那些朋友感到抱歉的是，我直到生病之后，才真正懂得朋友的意义。

由此看来，朋友的数量多寡并不重要。真正重要的是，是否有一些朋友愿意在我疲惫的时候跑来看我，是否有一些朋友始终陪伴左右。我在世界上做得最好的一件事就是生儿育女，并且把他们抚养长大，其次就是可以自豪地说我的朋友们是“我朋友”。怎样的人生才算得上成功？我能够做好这两件事，就已经算是成功了。随着岁月的流逝，我和我的朋友们赞叹着彼此的容貌，也互相尊重，一起学习如何乐活到老，这真是令人感动的事。

若是想要结识好朋友，首先要成为好的朋友

将走的前几天，他叫我到他家里去，交给我一张照相，后面写着两个字道："惜别"，还说希望将我的也送他。但我这时适值没有照相了；他便叮嘱我将来照了寄给他，并且时时通信告诉他此后的状况。

我离开仙台之后，就多年没有照过相，又因为状况也无聊，说起来无非使他失望，便连信也怕敢写了。经过的年月一多，话更无从说起，所以虽然有时想写信，却又难以下笔，这样的一直到现在，竟没有寄过一封信和一张照片。从他那一面看起来，是一去之后，杳无消息了。

这是中国思想家鲁迅在《朝花夕拾》这本短篇回忆录中所写的一段话。鲁迅去日本念医学院之前，遇见他的恩师藤野严九郎先生，后来却与藤野先生断了音讯。我读了

这篇文章之后，脑海中浮现了许多因为各式各样的理由而断了联系的朋友。年少时代曾经以为晨昏与共的同窗好友们将会是一辈子的朋友，年过六十之后，才意识到任何事情都无法永恒不变，友谊也是一样。

保持友谊需要付出很多努力，但这项努力是相当值得的，因为友谊是能让人感到快乐的情感。一项针对瑞典中年男性的研究发现，影响心脏病发作的两个重要因素，就是吸烟和友谊，至于结婚与否则影响不大。有时候，在人生中，友谊比家庭还重要。为了增进与朋友之间的情谊，下列几点是我们平时就应该注意的事项。

不要试图改变朋友

再有趣的事情，重复听几遍，也会让人觉得厌烦。即便我们是为了朋友好，再三指出对方的缺点并强迫他改进，彼此的关系也会恶化。假设你有一个闺密喜欢上某个品性很差的男人，无论你怎么劝阻，你的闺密都要跟那个坏男人在一起，那么，身为朋友你应该做的，就是当她被这个坏男人伤害而回过头来找你时，能够真心地安慰她。此外，不要为了测试你们的友情，而去询问朋友会不会为你付出生命这种愚蠢的问题。如果你真心为朋友着想，应该能够忽略他的一些缺点和错误，就像朋友接受你的不足之处一样。

不要期待交游广阔

某天，有一位和我私交甚笃的教授对我说，他自己原本就是个慢热的人，没想到我更甚于他。或许正是这个缘故，我的朋友并不多。而我先生的个性比较外向，很喜欢与人交往，所以他的朋友真的很多。但是，如果要我像我先生一样，跟很多人碰面，行程表中排满了各式各样的约会，我一定会压力超大，绝对无法调适。因为个性内向的我，属于那种只跟少数人密切交往的类型。我喜欢跟自己所珍惜的人见面，享受舒适怡情的时光。不过，我并不认为自己需要调整内向的性格。

很多性格内向的人都羡慕那些交游广阔的人，所以希望自己也成为性格外向的人。但是，以不符合个性的方式去结交朋友和维持人际关系，将会十分疲惫。如果只是因为羡慕朋友多的人，而硬逼着自己去认识更多的人，结果只会倍感压力而已。所以不要执着于朋友数目的多寡。

假设有一个人夸口说自己有 50 个挚友，他的好友听到这句话会怎么想呢？任何人都想成为别人心目中与众不同的人，因此，当他的朋友知道自己只是 50 个人中的 1 个时，难免会感到失望。此外，倘若 50 个朋友都同样重要，那等于没有所谓“最好的朋友”。这意味着当他真正遭遇困难和疲惫之际，很可能没有朋友会在第一时间赶过来帮他。

朋友的秘密绝对不要告诉任何人

任何人都有一些想要隐藏起来的秘密。我们通常只会对非常亲密的朋友吐露这些秘密。因为我们相信这些挚友即便知道了我们的秘密，也不会疏远我们，或是讨厌我们。而且当我们说出这些秘密时，朋友还会安慰我们，让我们感到温暖。但是，如果这些朋友在未经我们许可的情况下，向其他人透露我们的秘密呢？你或许会问，有谁会随便地做出这种事呢？但是令人意外的是，鲜少有人能够始终守口如瓶，谨守朋友的秘密。不过，他们通常并不是出于恶意而这么做。比如 A、B 和 C 是朋友，但是 A 只对 B 说了某个秘密。而 B 认为 3 个人是好朋友，所以告诉 C 也无妨，就把 A 的秘密告诉了 C。有些人也会在不假思索的状况下，将朋友的秘密告诉自己的男友或家人。

友谊之船瞬间说翻就翻。所以请好好守住朋友的秘密，绝对不要透露给其他人。虽然天底下没有所谓的秘密，但是口风欠紧的人特别不容易交到朋友。

要允许朋友分担你的悲伤

小时候，跟着大人们去殡仪馆时，我总是无法理解穿着丧服的人明明痛不欲生，前往吊唁的人却在一旁高谈阔论、喝酒聊天，喧嚣不已。缅怀亡者的场合不应该是沉静和庄严的吗？为什么人们却在那个场合大声喧哗呢？当我长大成人后，在为父亲治丧时才明白，吊唁仪式既是告别亡者的仪式，也是让留在人世的生者宣泄情绪的机会，以便继续好好活下去。吊唁者借由分享自己跟亡者和生者之间的共同话题，在闹哄哄的情境下分担丧家的悲痛。越多的人记得亡者的生平，吊唁仪式越是充满祝福，那时我才真正了解到为何吊唁仪式的场合总是那么嘈杂。当我遭逢父丧时，朋友们一听到这个消息，就立刻赶到殡仪馆来。

我在他们面前痛哭流涕，并且回忆起我的父亲，他们紧紧地抱着哀恸逾恒的我，给我以安慰。由于朋友们分担了我的悲伤，我当时并不感到孤单。所以我总是告诉周围的人，结婚典礼、小孩周岁宴固然应该要举办，但是吊唁仪式也绝对省不得。因为我在这个场合才发现，当自己太过悲伤和疲惫时，有朋友在身边，将会发挥多么大的力量。如果你因不可抗力不能去殡仪馆吊唁，那么务必要打通电话或是写信告诉朋友，让他们知道你一直伴其左右。

如果你想结识好朋友，先成为好的朋友

以前在大学任教时，学生们经常会问我："如果我想交到好朋友，该怎么办？"我给他们的回答一如亚里士多德的名言："只有相互都怀着善意才是友爱，而且还得彼此都知道。"也就是说，在考虑某人是否值得结交之前，应该先自忖是否称得上是个好的朋友。如果只是试图满足填补自我缺点的愿望，那么将永远无法结交到真正的朋友。所谓物以类聚，人以群分。不是有句话说"观其友而知其人"吗？因此，依据"为了活出幸福的人生，我有多么努力？""为了成为更好的人，我付出了多少心力？""平常我对别人的关心及惦念程度如何？”聚集在我们身边的朋友，也会有所差异。想要结交好朋友吗？那么请先让自己成为好的朋友。

想对片刻不离社交网络的你说的话

如今，人们一起床就忙着找手机。只要打开手机在社交网络上传信息，马上就可以和在遥远的国度或素昧平生的人联系。除了可以互相问候外，我们有什么疑难问题，也可以利用网络来搜寻答案，比如去哪里吃什么好，穿什么好，以及怎么做才好，等等。越来越多的问题可以通过网络解决，我们也因此而渐渐失去了非要与某人见面的理由。

有一次，我参加了一个学术会议，坐在圆桌周围的 8 个人中，有 5 个人在忙着用手机处理事情。其余 3 个人虽然互相聊着天，但也不断有电话打进来。虽然这是一个为了工作而聚会的场所，大家也都很开心能够碰面，但是这种情况，真让人觉得不知为何要聚会。更让人讶异的是，面对这种几乎没什么彼此问候或是人际互动的状况，大家居然都不以为意。也就是说，这 8 个人似乎都活在自己的孤岛上。这也难怪，在这个连情侣之间吃饭的时候也鲜少对话，都各自在玩手机的时代，对于这种正式场合的碰面，还有什么好期待的呢？

为什么越是沉浸在网络中，你的自信心就越弱？

我因为罹患帕金森病导致身体不适，即便想要与人碰面，也是心有余而力不足。虽然偶尔会有朋友来家里找我，但是因为彼此都忙，见上一面也不容易，所以我也经常通过网络向朋友们问好，分享各种信息，真的很不错。最棒的是，通过网络，我觉得自己跟外界仍然有所联系，所以感到很安慰。但是，我不会与陌生人在网络上建立联系，因为没有非要这么做的理由。然而，我和女儿聊过之后，惊讶地发现，有很多人相当在意自己在网络上的粉丝人数或被"点赞"的次数，甚至有些公司是通过为用户增加粉丝数量来盈利的，这让我相当吃惊。

若是希望"我"的存在具有意义，绝对需要有"你"的存在。如同韩国诗人金春洙在《花》这首诗中所写的："在我呼喊它的名字之前，它只是一个躯壳。当我呼喊它的名字时，它迎向我，成为一朵花。"只有当某人呼喊着我们时，我们才有了存在的意义。因此，即使是在互联网的空间中，我们也总是在积极地寻找能够了解“我”的存在的“你”。

现在，人们会将自己所写的内容，视为自己本身，如果所写的内容没有人响应，就会觉得自己被抛弃了。因此，当人们在社交网络上发布图片或文章时，就会迫切期待“点赞”的数量不断增加，希望关注人数持续提升。因为这意味着有人正在倾听并响应自己所发出的信号，显示自己并不孤单。人们还会通过分享别人上传的文字，或是“点赞”来展现自己的存在感，同时运用这种方式来向对方表达“我正在观察和评估一切”的掌控感。

但是，网络是一个难以让“我”和“你”之间真正碰面的地方。在社交网络上，我们可以隐藏自己的真实身份，对方亦如此。观察那些上传的自拍照片，就不难发现这一情况。难道我们不是从许多照片中，挑选出拍得特别好的那几张，再把它们上传到社交网络吗？我们尽可能地包装出自己想要展现给别人看的样貌，然后上传到社交网络，等待别人的关注。在社交网络中，很少出现人们不堪的一面，因为人们总是努力展现出自己是多么幸福，并且希望获得认可。

然而，即使我们把自己包装得很好，仍会有些令人不愉快和不舒服的事情。世界上总是有些人表现得比我们更好、更帅气、更成功。当我们看着这些人时，虽然会觉得“如果羡慕就输了”，试着自我安慰，却又忍不住自惭形秽。根据某一网站以 20~29 岁的人为对象所做的问卷调查，针对“你觉得自信心最弱的瞬间是什么时候？”这个问题，回答“看到好朋友在社交网络上展示出幸福的模样时”的人数最多，占了 27.6%；其次是“找不到工作时”，占了 22.7%。从这份问卷中，我们也可以轻易看出 20~29 岁的人有多么重视社交网络。但是，通过社交网络与别人进行实时交流所得到的安全感，往往也只是暂时的，有时反而会产生让自信心变弱的反效果。

另外，基于其本身的属性，社交网络上难以存在真诚或长篇内容的对谈。所以，轻松幽默的内容才会大受好评，人们只会交换一些有趣和令人兴奋的消息，很难进行真挚的、有深度的沟通。那么，为什么人们会留恋隐藏了自己内心，只给别人看到表象的社交网络呢？

在社交网络上结识的人们，不会第一时间赶来帮我

社交网络只是佐证了人类是社会性的动物而已。人际关系是需要互动的，很多人都有着这样的童年回忆：小时候独自玩了一会儿之后，抬头看着妈妈时，若妈妈给了自己一个温暖的微笑，就会感到安心。同样，当有人知道我们在这里，并且给予回应时，就会产生交互作用。若我们在社交网络上传了照片或文字，立即获得响应，这也是发生互动。以往，人们如果分隔两地，即便想立即与某人联系，也无计可施。社交网络成为一个吸引人的沟通通道，因为我们不必非要与某人见面，也能够与对方保持联系并且进行互动。

然而，当我们离开社交网络时，等待我们的是一个残酷的现实。我们必须回到不知何时会出错，也不知应该如何解决问题，甚至让人窒息的日常生活中。于是，觉得心情烦闷的人，为了忘掉现实生活的不快，会再次回到社交网络，埋首于网络与人分享轻松的话题。

但是，社交网络也有其局限性。当我们与某人面对面地交谈时，语言只传递了 20% 的信息，其余 80% 的信息是由肢体语言传递的。我们看着对方的眼睛、手势和肢体动作，听着对方的声音，感受对方的语气，可以掌握对方真正想表达的是什么。但是，在网络上，即便是视频聊天，表情、手势、肢体动作的作用也在一定程度上被弱化了，所以我们有时候没有办法知道对方的真实想法。无论对方的真正想法是怎样的，我们都会从自己的角度来理解对方所表达的内容。同理，我们自己的心意也可能被误解。因此，如果人们只通过社交网络沟通，而没有经常碰面的话，彼此了解和达成共识的能力将会减弱，处理聊天所产生的复杂而微妙的情感的能力也会下降。

此外，通过社交网络，我们能够与素未谋面的人进行互动，但人们往往对陌生人有着模糊的恐惧，而恐惧可能会产生一种防御心理或引发粗暴的行为。人们对在线空间有一种模糊的幻想，认为在网络上可以做任何事情，而且一切都将被接受。这种幻想使人们可以实现较多的情感交流，例如，如果他们在网络空间中找到一些共同点，就会突然变得很亲近。但是，当这种期望受挫时，就会产生相当激烈的愤怒。所以有的人面对那些对自己不友好的负面反应，会感到受辱而反应过度，此时他很可能就像脱缰的野马一般。因为我们并没有看到对方的脸，所以无法得知对方的直接反应如何。因此，社交网络瞬间就成为一个想要排遣孤独的人们之间相互诽谤，并且深受伤害的空间。

我们不会试图隐藏这种社交网络中的攻击性，而是任其而为，是因为我们随时都可以重置。如果我们不喜欢在社交网络上的人际关系，可以随时退出。我们可以建立另一个账号，并且与我们想要连接的人建立联系。在这个凭借己力往往一无所成的世界，这种可以随心所欲地操控的事情，对人们具有相当大的吸引力。就像当计算机不听使唤时，我们按下重启按钮，再次启动系统似的。但任何时候都可以重启，另一方面也意味着我们在社交网络上所建立的关系，都没有特别的意义，只是一场空而已。一旦完全删除了过去的记录，我们累积的所有记忆和时间，也将灰飞烟灭。

如果你和某人建立了人际关系，就会开始累积彼此之间的记忆，一起哭泣和欢笑的回忆，将会让彼此的连接更为紧密，但是社交网络的特性是可以在一瞬间就删除所有记录。

因此，我们可以经营社交网络，但是不要因此而错失与自己重视的人们共度的时光。即便菜都凉了，也要求对方等候你拍照上传后再开饭，对于正与你碰面的人而言，其实是不礼貌的行为。你现在需要关注的对象，应该是你眼前的这个人才对。

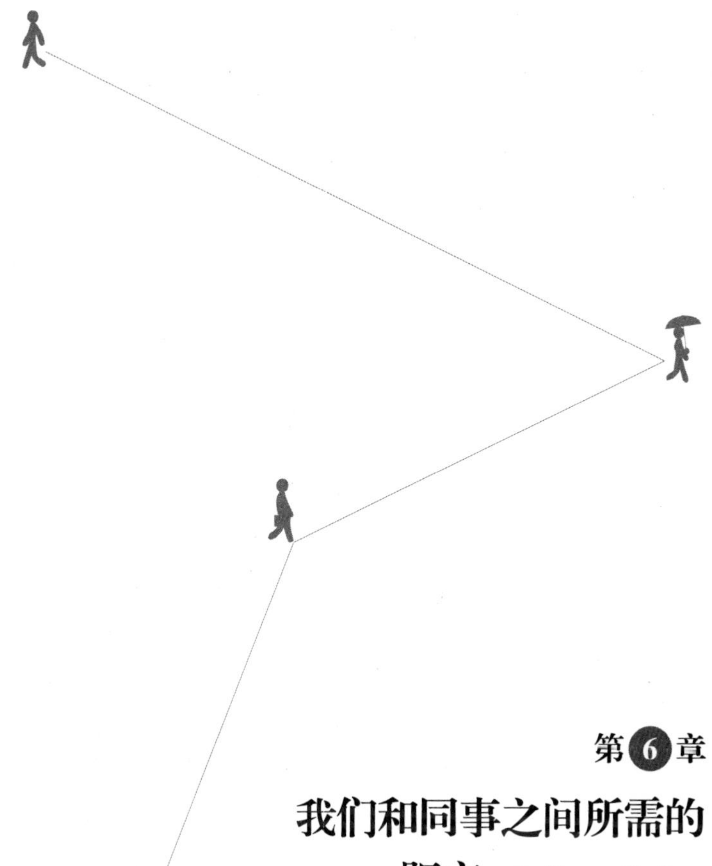

第6章

我们和同事之间所需的距离：1.2m~3.6m

为什么我们更常用“同事”一词，而非“朋友”？

人的生命中，大约有三分之一的时间都在工作。上班族一天中有长达三分之一的时间，是在特定的场所与特定的人群一起工作。在职场中，我们可能会遇到喜欢的人，也可能遇到不喜欢或不投缘的人。然而，无论我们多么喜欢和亲近的工作伙伴，我们都很少会称之为“朋友”，而是会使用“同事”一词。这是为什么呢？我们与同事分享自己的心情，一起挨上司骂、一起喝酒、一起工作，为什么不能毫不犹豫地说对方是“朋友”？难道我们在职场上不能交到朋友吗？

洙贤和俊叙在大学毕业后，同时进入了一家很难应聘得上的公司。在 10 个新进员工中，只有他们 2 个人被安排在同一个部门，所以他们一起做了许多工作，每逢犯了错被主管骂的时候，他们就彼此勉励，自然而然地就变得很亲近。再加上他们年龄相仿，都是从农村到大城市里自行谋生，所以有许多共同话题。因此，不知不觉间，他们就分享了许多有关自己的家庭、女朋友的话题，甚至一起说公司其他同事的闲话，成为对彼此的一切无所不知的密友。

然而，3 年后，洙贤晋升为副经理，俊叙却未能获得提升。从那个时候起，他们两人之间的关系就变得尴尬起来。俊叙觉得很委屈，他认为就能力而言，自己比较优秀，洙贤只是运气好，遇到一个好的主管，所以才能获得晋升。洙贤则全然不这么想，但是在俊叙面前，他却不露痕迹。隐约感受到自己被轻视的俊叙，沮丧和怨恨也日益加深。后来，洙贤和俊叙分别隶属的团队互相竞争，使得两人的关系更加疏远。有一天，俊叙从其他部门的人那里听到洙贤正在谈论自己的八卦，说的内容是他把洙贤当成真正的朋友时告诉洙贤的自己家里的一些私事。结果，他们两人在喝酒的场合大打出手，最后，彼此的关系变得比陌生人还要冷漠。

朋友之间的关系，也会随着时间的推移而浮浮沉沉。曾经很亲密的朋友，也有可能日益疏远。洙贤和俊叙可能就是如此。但是一开始，两人之间的关系就应该画出界线才对，这就是同事的界线。职场并不是交朋友的地方，而是工作的场合。职场是懂得负责任的成年人们，以工作为媒介聚在一起，共同处理好某些事情的公共空间，上班族各自扮演好自己担任的角色，然后获得酬劳，并且通过工作实现自我价值。如果我们想成为在工作中表现杰出的人，就必须证明自己优于其他人。如果我们想要获得提拔并且领到更多薪水，就不可避免地要参与竞争。所以，即便是起跑点相同的人，随着时间的流逝，由于工作表现的差异，可能也会出现差距。而且，担任一般雇员、主管、经理的职级不同，被赋予的职权和责任也有所不同。

在职场中包含着太多的负面心理因素，包括嫉妒、优越感、自卑感和警戒心理，等等。在一起工作的过程中，就算会产生亲密感、团队意识和合作精神，受限于竞争制度的这个现实也不会改变。我们在工作中建立的每一种关系，都是通过工作产生的契约关系。就算和同事的关系再好，也还是会有互相比较和被比较，又或是考核对方和被考核的关系。当然，我们也可能和某人非常亲近，但这是由个人创造出的一种附属品，而不是职场人际关系的本质。

洙贤和俊叙入职以后，因为个性很合得来，彼此变得日益亲密。在职场中能遇见这种人是非常幸运的事，不过他们忽视了职场人际关系的界线，因此将连对密友都羞于启齿的秘密也告诉了对方。可是，随着升迁的竞争越来越激烈，他们的关系也产生了变化，秘密被当成八卦恶意利用。洙贤最主要的错误是向他人泄露了俊叙的秘密。但如果我是俊叙，无论我和洙贤有多亲近，都不会告诉他非常个人的隐私，因为我们没有理由向在职场中遇到的人，泄露私人的秘密。

当我们开始和某人逐渐亲近时，就会想跟对方提及个人隐私。在互相了解的过程中分享彼此的秘密，代表着变得更加亲近。所以，根据你对对方秘密的了解程度，可以衡量你们之间的亲密程度。但是，在职场中只要谈及工作就已足够。如果在竞争激烈的职场中，与我们亲近的同事恶意利用我们的个人隐私，该如何是好呢？

在韩国，为了表示亲近，人们往往不把自己当外人，对于初次见面的新同事，可以若无其事地询问“你结婚了吗？”“有男朋友吗？”“有小孩吗？”等问题。而在西方，初次见面就提出那样的问题，本身就是一种失礼的行为，因为他们认为个人的隐私应该受到基本的保护和一定的尊重。

我认为职场中也应保持距离。若是这么说，有人可能会反问是否太不人道。但是，我并不认为在职场中以“同事”相称，而不称“朋友”有何不妥之处。这反而会让我们认清且接受工作场所中人际关系的局限性，可以减少由人的因素引起的情绪变化，而专注于工作。当我们与同事频繁接触，一起熬夜加班完成工作时，不知不觉间，将会感受到同事情谊。此时，所谓的同事情谊，是指由于朝着同一目标迈进，而对彼此产生充分信赖的情感。因此，如果你想继续与这个人合作，即使有难以处理的事情，也不要太担心你们之间的关系没有什么改变，若是你们能够互相关怀和尊重，那么以同事的关系而言，便已足够。

我认为在职场中可以建立的最佳关系，就是调换部门或转换跑道后，仍然想要成为一起工作的同事。此时，我们知道了对方的多少隐私，都会变得毫不重要。医生之间最好的评价，就是可以介绍自己的家人去找对方治疗。当同事将家人介绍给我看诊时，还有什么比这更能证明我的实力获得了同事的肯定呢？

在职场中，虽然并不需要将所有个人隐私都秘而不宣，也不需要对一点点琐碎的个人问题都做出太过敏感的响应，但是也没有必要向同事透露我们的确想要隐藏的秘密。即便对方因此而表示遗憾，为了将来能够维持健康的关系，我们也最好只透露那些即使有朝一日被对方利用也承受得起的事情。

在工作场合还有一点需要注意，那就是多听少说。特别是在当事人缺席的情况下，要避免议论其是非，因为这类言论只会种下误解和不信任的种子。虽然我们认为应该事不至此，但是这类八卦言论，总是会以某种方式传播出去，然后落入当事人耳中。如果你认为自己不是被谈论的对象而沾沾自喜，那就大错特错了。那些与你谈过某人是非的人，有可能也会在另一个场合，与别人论及你的八卦。所以，我们干脆就不要扯进别人的是非之中，也不要成为散播八卦或谣言的人。至今，我们都鲜少看到那些口风不紧又喜欢嚼舌根的人最后能够成功的案例。所以，倒不如用那些时间去做些更有趣、更快乐的事情。

为什么我们公司会有这么多奇怪的人？

霸占别人的业绩却又厚颜无耻的金主管、开口闭口只会忙着自我炫耀的朴主管、对世界上所有事情都不满的崔经理，整天不做事只会说别人闲话的黄副经理……为什么我们公司会有这么多奇怪的人呢？

最让上班族对职场生活感到痛苦的因素不是工作，而是人际关系。当然，我们以前也会遇到不喜欢的人、话不投机的人、毫无理由就是讨厌的人等。但是那个时候，只要避免跟这些人相处就可以了。但在工作场合却不同。无论喜欢与否，我们都必须和同事们一起工作、吃饭、交往。也就是说，就算相看两相厌，也必须面对这样的人。

无论我们走到哪里，都要面对一些奇怪的人。因此，不论情愿与否，我们都应该学习如何与这些人一起工作和生活。如果我们遇到那些奇怪的人，而且不想受伤，就必须学会保护自己。这就是为什么我读到韩国作家金爱烂的短篇小说《风景的用途》中“成人有什么不一样？成人就是和自己不喜欢的人也能友好相处”这句话时，频频点头而深表赞同。

不过，这里的“友好相处”并不意味着我们应该在这种关系中竭尽全力。人生在世，没有必要浪费有限的宝贵精力在那些人身上，因为我们光是把精力花在自己喜欢的人身上，都已经远远不够了。面对那些奇怪的人，最好的方法是不被他们的挑衅所操控。当然，很难不受那些打定主意攻击我们的人影响，光是每天要面对他们，都会让人压力超大。但是一旦我们的情绪受到这种人摆布，他们就会把我们当成猎物紧咬不放。

我将奇怪的人依类型进行分类，并将相对的应对之道整理如下。

嫉妒心和猜忌心强的人

嫉妒心和猜忌心强的人见不得别人成功，他们无法忍受别人比他们更优秀，所以一旦落后就会对人生感到失望。因此，他们总是会营造出一种对决的气氛，并且通过制造紧张感让人感到十分疲惫。如果在“对决”中失败，他们心里就会想："为什么我这么不走运？为什么只有我活得这么累？"

他们之所以会产生嫉妒心与猜忌心，主要是因为想要被人重视和得到认可，这其实是人皆有之的心态。因此，不要执意去揭露他们的缺点，即使看起来很奇怪，也不要随意忽视或批判他们。面对这种人时，最好采取谦卑的态度，不要激发他们的嫉妒心。若是能够称赞他们的优点，也会降低他们的攻击性。

如果你厌倦于这种投其所好的做法，那么就想办法晋升到他们无法置喙的位置，或是取得卓越的成就。韩国有句用来比喻见不得别人好的俗话是这样说的："如果堂兄弟买地，就会让人肚子疼。"值得注意的是，如果是祖父或叔叔买地，并不会让人肚子疼，只有堂兄弟买地才会让人肚子不舒服。因为人们通常会对那些背景或能力与自己类似的人感到嫉妒，但是不会将自己与那些条件更好的人相提并论。因此，若是想要避开这种嫉妒心强的人，处于比他们更高的位置，可能是避免受他们嫉妒的最好方法。

当然，遭遇荒诞的猜忌和嫉妒，的确会让人生气。如果我们意志不够坚定，很有可能会因为这种充满嫉妒的言语而受伤。但是，我希望你永远记住，无论对方怎样打定了主意想要伤害你，只要你不任其摆布，事情就会到此为止。

满腹牢骚的人

再怎么好听的声音，反复地听，也会让人感到厌烦。当坐在隔壁的同事总是采取消极的态度，不停地嘀嘀咕咕的时候，我们多半会渐渐不喜欢跟他交谈。这种爱抱怨的人之所以会造成问题，就在于他们的负面思想和情绪很快会扩散开来，因而对整个团队士气产生不利影响。若要平息他们的满腹牢骚，解决之道就是充分倾听他们的想法。不要试图为他们提供建议或鼓励，因为他们只希望别人好好倾听自己讲的故事。

十分自恋的人

有些人总是误以为自己的能力举世无双，应该受到别人的赞扬与钦佩。他们以自我为中心，对别人漠不关心。面对别人的批评时，他们会无法忍受，而且火气十足。因此，当我们跟这种自恋的人打交道时，应该强调他们的优点，最好避免采用直截了当的口吻指出他们的错误，或是要求他们改善，而是用劝导的方式来表达意见。例如，“这听起来是个很不错的主意。不过，如果换个方式做，似乎会更好，你觉得怎么样？”。尽可能营造出是由他们做主的氛围，因为自恋者非常讨厌听别人的指挥。

马屁精

有些人擅长逢迎拍马。昨晚还在诽谤组长的人，今天在组长面前却百般奉承，那副嘴脸真是让人瞠目结舌。即便如此，若是他们的行为不会直接伤害到我们，我们就不需要太过费神。如果他们的行为太让你反感，甚至忍无可忍，或许你该仔细想想自己是否有问题。若是过度厌恶这种人，也可能是你自己的心态不够好，太容易受到他人影响，如果不改正这种心态，也会导致人际关系中的其他问题。

只会诉说想法的人

有些人根本听不进别人的话，只会一股脑儿地单方面诉说自己的想法。无论我们如何试图沟通，都是徒劳。跟这种没有“输入”，只有“输出”的人交谈，真的是会精疲力竭，感觉就像对着墙壁说话似的。而且，他们没有同理心，总是用命令式的口吻说话，所以最好尽量避免跟他们对话，因为持续沟通下去，只是耗损自己的能量而已。

习惯性的怀疑论者

有些人在工作开始之前，就会泼冷水说："这有可行性吗？"如果没有十足的把握，他们就不想行动，因为他们无法忍受一点点的失败或失误，所以优柔寡断而无法做决定。我们把这些人拉出来，对他们怀着希望，结果往往是毫无效果。最好的方法是降低他们对失败的恐惧。如果你的同事是习惯性的怀疑论者，最好对他们说："让我们一起做吧！"

面对不懂得谦虚，又顽固和愚蠢的人，无论何时都要以礼相待，这是避免与他们发生冲突的明智之举，因为无论你如何努力地想要改变他们，他们都会不为所动。所以不要基于为他们好的心态，为他们提供建议或意见。

不要因为人的因素而离开公司

2000 年，我离开了工作很久的韩国国立精神病院，自己开了一家私人诊所。那时我 42 岁，是个口碑不错的医生，到国立精神病院来找我看诊的患者络绎不绝，研究学会对我也相当肯定。因此我认为如果自己开办诊所，患者们一定会蜂拥而至。但是不知为何，看诊人数日复一日都未见起色，始终都是 0 位、0 位、0 位，这种日子大概持续了 3 个月之久。此时，我才充分体会到，之前许多患者来找我看诊，其实是冲着国立精神病院这个大型组织的招牌。6 个月后，通过人们口耳相传和患者的陆续介绍，我的诊所才开始正常运作。

每当我遇到那些抱怨因为人的因素而压力大到无法继续在目前的职场工作下去的患者，就会想起自己当年的情景——当我内心焦虑不堪，心想“今天该不会又没有人来看诊吧？”的时候；当我对创业者说“还是每个月按时领薪水比较好”之类的话，心有戚戚焉的时候；当我领悟到身为医生，不是单凭医术高明就足以经营好医院，还需要具备医院设立地点的选择和宣传等相关的管理知识的时候……

当初开业时，我认为只要做好看诊的工作就行，不用再承担人为因素所造成的压力。然而，实际上我必须处理复杂的文件申请、税款缴纳等事务，解决从未接触过的法律问题、税务问题，进行出纳管理，有时候连清扫的工作也必须自己来做。这与我在医院领薪水度日，只需做好分内工作的情况，可说有如天壤之别。而且，在国立精神病院工作时，除了看诊外，我只需要面对医生同事或医院内部其他相关人员即可；自己开办诊所之后，首先面对的，反而是一些原本相当陌生领域的人。在医院上班时，每天只有一两件烦心的事；自己创业之后，我每天必须独自处理的事情，可说是不计其数。

离开国立精神病院开办私人诊所之后，我便成了“什么也不是”的人，总是到处被人瞧不起。曾经不断找我的各个机构，都停止与我联系，我在银行申请贷款也遇到了困难。对于当时 42 岁的我来说，世界远比想象中残酷。我也体会到，过去那段任职于国立精神病院这个围篱之内的时光，相对而言，是多么让人感到踏实。

但是，这并不意味着我后悔开办了私人诊所。如果当时我继续待在国立精神病院，那么看诊的工作将会逐渐由后进的医生们接手，然后我将会担任管理职位，负责督促后进同仁们，并且承担更多与医院经营有关的工作。但是，我并不想担任管理职位。因此，尽管在开业之初，我曾经感到十分惊慌，但是从结果来看，能够如愿地专注于看诊的工作，也让我感到很开心。每当看到患者冒着台风或大雪来找我看诊，我就会感到自己的工作对他们而言真的是很重要，所以更加卖力地工作。同时，我也体会到原来自己是个不错的治疗者，感受到身为医生的更多价值。

很多上班族的梦想之一就是可以出其不意地提出辞职，并说："过去承蒙您的照顾，谢谢！"然后干脆利落地离开公司。但是为了养家糊口维持生计，或是必须偿还债务，我们无法随意地辞职不干。即便工作量过于繁重，也必须忍耐，不想做的事情也须使命必达，不想听的声音也必须洗耳恭听。

"我真的再也无法去公司上班了。"

有位女患者说，上司总是找她麻烦，她已经精疲力竭。她的部门主管整天都在看股票走势图，但是只要组员们离开座位一会儿，他就会大发雷霆。即便这位主管曾经说过某个提案不错，可以推动看看，但是只要公司高层不认可，他就立刻把话锋一转，回过头来训斥提出提案的人。此外，这位主管还会临时决定下班后要部门聚餐，如果有人因为不得已的因素而缺席，那么隔天他就会对这个人特别苛刻。这位患者对总是做出不当指示的主管相当反感，连跟他对话都感到厌恶，于是尽可能地避免与他接触，若是不得不跟他说话，就会摆个臭脸反驳他。所以，她经常被这位主管苛责。于是，不知何时开始，她变得在这位主管面前什么话也说不出来，并且感到只会在背后说闲话的同事们也瞧不起她。她说如果再继续去上班，说不定自己会发疯。不过，当我静静地听完她所说的话之后，这么问她："如果你去另一家公司上班，又遇到这样的主管，那你会怎么做呢？"

平心而论，她所列举的主管的种种缺点，似乎是韩国大部分公司管理者都会犯的错。这意味着不只是她的主管经常表现出这些缺点，其他管理者骨子里其实也没有什么不同。虽然我们都认为工作和生活应该取得平衡，但是韩国以工作量庞大而闻名全球。我们周边也经常可以看到一些为了在公司高层面前展现自己的能耐以获得晋升，但是又因为能力不足而只会压迫自己底下职员的主管。而且没有任何一个主管，会喜欢不参加部门聚餐的员工，只是不会像她的主管一样，那么恶劣地表现出来而已。

如果她为了转换跑道而去应聘别的工作，当面试官问她为什么辞掉前一份工作时，若她坦率地回答是因为主管过于权威，而且工作量过重的话，结果会如何呢？恐怕十之八九，她都会接到不录取的通知吧！事实上，当面试官在遴选有经验的应征者时，通常会刷掉那些离职原因是对前公司或前同事不满的人，因为这样的人很有可能由于同样的原因而无法适应新公司。由于我们往往无法以客观的数字举出令人点头信服的原因，所以最好不要在面试场合批评前公司以及前主管。

当然她可能会觉得很委屈。遇到这种既没有能力，只会下达不合理的指示，又逃避责任的主管，该有多么令人郁闷啊？然而，越是如此，她越应该记住的是，即使她为了避开这样的主管而离职，问题也没有解决。因为她到任何地方去工作，都可能遇到这种类型的人，只是程度的差异而已，所以还不如趁此机会学习如何与这种人共事。当然，也有可能遇到很不错的人，可以工作得十分带劲。但是，既然这种幸运的事并不一定会发生，那么，如果你仅仅是因为主管的因素想中断现在的工作，就不应该像是想要逃走似的离开现在的公司。

在公司碰到完全不想打交道的人时，究竟该如何应对呢？下列几种方法供你参考。

不要刻意树敌

有些人面对不喜欢的人时，会很明显地表现出来，希望对方察觉出来，所以心情变差或是大发脾气。有些人认为这是一种坦率和正直的行为。如果我们的目标是引发争议，那么表现出讨厌的态度也无妨。然而如果我们并不想与人辩论，那么最好尽可能保持礼貌。任何人与别人沟通时，如果对方总是打断自己的话，或者摆着臭脸而没有回应，都会感到心情很差。所以，即使我们不喜欢对方，也不要过于明显地表现出来。尤其是在彼此不得不相处、互相竞争的工作场合中，实在没有必要刻意树敌。

对事不对人

我们没有必要花太多力气去亲近自己讨厌的人，或是想办法让对方喜欢自己。这种不是出自真心的努力，只会让彼此的关系更加尴尬。而且，也不要试图改变我们讨厌的人。无论我们认为自己多么正确，都无法任意地改变对方，一旦试图这么做，只会让彼此的关系更加恶化。此外，职场是大家为了工作而聚集的场所，并不是为了增进友谊。

因此，无论喜欢与否，切莫忘记我们是因为工作才会跟对方共事的事实。如果必须跟自己讨厌的人一起工作，即使心里觉得很不舒服，也要就事论事，尽可能不要把情绪掺杂进去，除非我们打算把工作搞砸。我们讨厌自己的直属主管，不喜欢他这个人，跟我们应该克尽职责去做事，完全是两回事。即使我们再怎么不喜欢这个主管，身为部门成员之一，该做的事情还是要做好，对上司也应该保持基本的礼貌。

白色谎言也是必要对策

有些人不论在什么情况下，都觉得诚实方为上策，自己的情绪也应该坦率地表达出来。但是，在工作场所中，诚实绝对不是最佳选择。特别是彼此的意见发生冲突时，如果过于直接地表达情绪，很容易导致矛盾加剧。此时，对于相对弱势的一方而言，需要的正是一个白色谎言。例如，在我们已经与朋友有约，但是主管突然说要部门聚餐的情况下，跟主管说："因为我要帮母亲做寿，所以不得不缺席部门聚餐，很抱歉，下次一定不会发生这种事。"这就是一种白色谎言。站在主管的立场来看，这的确是不得不接受的理由，所以我们就可以放心地离开，然后去赴朋友的约会。

如果我们老实地告诉主管说他不应该临时决定聚餐，并且表示自己跟朋友有约在先，所以不能去，主管会感到抱歉并且取消聚餐吗？这样的事情是很少会发生的。我们这么做，只会使关系更加恶化。虽然我们没有理由要持续忍受那种讨厌的人对自己的不公平待遇，但是，如果我们不打算跟对方断绝关系，就必须更加积极地善用白色谎言。

努力想满足你所认识的每个人是疯狂之举

每个人都希望被爱，而且我们有多么渴望被爱，就有多么害怕被人憎恨。哪有人会存心招人讨厌呢？然而，无论我们多么努力，都会有人不喜欢我们。即使我们尽可能不犯错误，不眠不休地工作，总是承担比其他人更多的责任，接受对方的所有请求，对方还是有可能会讨厌我们。这虽然很令人难过，却是不得不接受的事实。

她的情形就是这样。她比任何人都早上班，然后工作至深夜，试图把所有事情都做得很完美，并且从未拒绝过别人的请求。即便如此，她还是觉得自己有所欠缺，所以更加努力。然而，有一天她听到一个自认为交情不错的女同事，说了一段令她震惊不已的话。

“喂！如果不是你，最受瞩目的人就会是我，因为你，我才会被漠视，我讨厌你。”听到这段话的瞬间，她回想起自己曾经因为这位女同事的请求，熬夜加班了好几天，帮她完成报告的事。这位女同事因为那份报告获得了绩优员工奖，却未曾好好地对她说过一句谢谢。

隔天起，她就很怕去上班，因为她无法若无其事地去面对那个希望自己从公司消失的女同事。

我们在职场上打拼，总是希望努力工作能够获得等值的回报，为了得到这些报酬，我们真的必须忍受很多事情。有的人无法升到更高的职位，在成为落后者的情况下，就可能对我们挥舞锋利的剑以求生存。而且，不管我们怎么努力，如果主管不喜欢我们，我们的考绩有可能就会很差；我们表现得再好，如果整个部门的绩效欠佳，加薪终究还是无望，凡此种种，这些不合理的事情常常会发生。如果不想在这种情况中倒下的话，那么不论别人做了什么，都要懂得自我珍惜，并且能够自我保护，这样我们的职场之路才能走得顺畅。

此外，在这个世界上，没有人能够被所有人喜爱。无论我们长得多么好看、多么会做事，都会有人讨厌我们，这就是人生。朝鲜王朝时期的名将李舜臣有着舍身报国的决心，但也遭人诬陷。在认识的人当中，只要有30%~40% 的人喜欢我们，就是令人感激的事。反过来想想，可能会更容易理解。我们分明也都有那种平白无故地讨厌某人，或是拒绝某人示爱的告白，或是某人想要亲近我们时，就快速躲开的情形。而且，明明也有那种并不是对我们特别好，但是我们却毫无理由动心的人。如此看来，无关乎我们努力与否，就是有人会对我们漠不关心，或是看我们不顺眼，这是再自然不过的事。即使明知如此，我们还是希望认识的每个人都爱我们，这不是贪得无厌吗？

如果我们有此贪求，因而强迫自己去满足所有认识的人，这代表我们十分害怕被人讨厌。但是，我们应该自然而然地接受一个事实，那就是即便我们试图满足所有的人，还是可能有人会不喜欢我们。唯有如此，我们才不会过于苛待自己。再也不要为了满足别人而活，我们要依照自己的意愿，活出自己的人生。

虽然不可能每个人都爱我们，但是如果遇到像上述那样得了便宜还骂人的女同事，真的很难保持平常心。不过，事实上这位女同事并没有能力决定她的去留。如果她因为工作表现优异而晋升到一个让其望尘莫及的位置，这位女同事就会对自己说过的话感到后悔。因此，即便我们遇到像这位女同事一样的人，也不要被她幼稚的嫉妒和猜忌所操控，只要置之不理就好。虽然有人不喜欢自己是件令人难过的事，但是我们必须接受这个事实。与其把时间和精力花费在讨厌自己的人身上，不如花在自己喜欢的人身上，这才是真正有价值的事情。

第7章

在精神分析中学到的人际关系的智慧

尽管如此，我们仍然需要彼此

父亲

小时候，父亲曾经买过一块土地，他买下这块土地后，地价很快就上涨了 3 倍。但是原本应该很高兴的父亲，却露出了忧虑的神情。因为如果我们稍微晚一点签约，这笔土地增值的钱就会属于前地主，所以父亲对前地主感到很抱歉。“世界上哪有什么不劳而获的事？我不能让别人流下血泪。”父亲苦恼了 3 天之后，终于决定去找前地主，要求取消合约。尽管前地主说没关系，父亲还是解了约，将土地交还给他。当时，我无法理解父亲这种固执、丝毫不懂得变通的做法。但是，父亲总是对我说：“惠男呀！你要成为一个助人者，而不是害人者，你要正直地活下去。”如今，父亲已经去世 20 多年，每当我想要点小聪明或是心存侥幸时，都会想起我父亲，然后恢复正念。我从父亲身上，学到了世界上没有白吃的午餐，唯有堂堂正正地活着才是王道的处世观念。

母亲

每当父亲训斥我说，一个女孩子家怎么三更半夜还在外面走时，我都会气咻咻地向母亲抱怨父亲："妈，你怎么有办法跟这样的人住在一起？你真的喜欢这么固执不通的人吗？"然后母亲就会笑着说："你哪里会懂？"母亲夹在父亲和我之间，经常要充当我们的和事佬，真是吃尽苦头。虽然母亲总是告诫我，不可以跟父亲顶嘴，但是另一方面也会对父亲说："惠男自己会看着办，你就别管她了。"回想起来，不论我做什么，母亲都不曾责骂过我，而且始终相信我，我从母亲身上，学习到了机智地解决冲突的方法，了解到如何倾听，以及信任孩子是多么重要的一件事。

丈夫

我的丈夫是让我同时体验到天堂和地狱的人。跟我丈夫相处的过程中，我深切地领悟出一个道理，那就是无论我怎么努力，都无法改变别人，我只能改变自己。

儿子、女儿

我的儿子、女儿虽然遗传了我的基因，却是与我不同的生命体。生了孩子之后，虽然我不得不放弃完美主义，也修改了自己的人生计划，但是我并不后悔。我很高兴孩子们来到我身边，在生儿育女的过程中，我觉得很幸福，至少我成了不会让孩子引以为耻的妈妈。而且，更令人感动的是，孩子们告诉我，他们爱我。每逢此时，我都会激动不已。

韩国国立精神病院院长

韩国国立精神病院是我的第一个职场。当时的院长十分讨厌我，在我任职期间，一再刁难我。他总是看我不顺眼，百般侮辱我，并且威胁我说“不喜欢就离职”。虽然我自认为是个聪明的人，但是面对掌控着医院人事权的院长，真的是相当无助。不过从另一个角度来看，如果没有这个院长的刁难，我说不定会盛气凌人地惹出不少事端。因为他，我尽早了解到自己的不足，懂得了谦虚，也学会了如何忍受那些我讨厌的人，并且领悟到那些爱我的人是多么令人感激。

同期和前后辈

我的第一本书出版时，跟我同期的医生们的反应是“书的封面很漂亮”“如果我当初也选择去比较轻松的精神科，我也可以写出一本书”。我听到的不是祝贺的话，而是这种不咸不淡的话，我感到很遗憾。但我只是一笑置之，因为我知道，要衷心地向别人表达祝贺之意是多么困难的事。回想起来，不论我是领先还是落后于这些同期或前后辈，如果不是他们在我身边，说不定我在某一瞬间就会停止成长。实力出众的同事不停向前迈进的模样激励着我，让我为了不落人后而更加努力。所以他们成为我的正面刺激，偶尔还会基于同病相怜的心情，成为彼此的安慰。

患者们

30 多年来，我能够坚守精神科医生的岗位不曾离开，正是多亏了这些来找我看诊的患者。因为有了他们，我才能感受到自己工作的乐趣和价值。我希望为那些相信我的患者竭尽所能。对我来说，患者们是我最好的兴奋剂，托他们的福，我才能够持续不断地学习和向前迈进。

仔细想想，我出生的时候，是多么弱小，我在父母的疼爱下茁壮成长，遇到了许多朋友，与他们一起长大，进入社会后，又遇到了许多人，才成就了现在的我。在这个过程中，我曾经受伤和伤人，有时也觉得很委屈，有时会讨厌某人，有时会生气，有时过于伤心而流泪，有时会因为受伤而无法做任何事，有时也像个孩子似的，开心地大声欢呼，有时则像心脏快要炸开般深受感动。

直到我 40 岁为止，我都很自豪能够完成这整个过程，并且认为是因为自己做得很好，所以才成就了现在的我。我觉得即便这个世界上没有人帮助我，我也可以独自站起来。我误以为只有别人需要我，而我压根儿就不需要别人伸出援手。

因此，当我离开国立精神病院时，甚至还担心，没有了我，这家医院该如何营运下去？在我决定离职之前，除看诊外还负责训练 9 名住院医师，我也很担心这些年轻的住院医师若是没有我的帮助，是否能够好好成长。但是后来想想，当我想离开国立精神病院这个稳定的职场，并且尝试自己开办诊所时，我似乎对自己会变成独自一人感到非常紧张。所以，我才会以“住院医师们还需要我，我不该离开”为由，一再推延离职时间。换句话说，我是在为自己找一个不离开的借口。事实上，即便没有我，住院医师们也可以表现得很好。

当我发现自己内心的依赖感，希望有人在我身边时，我感到十分震惊。在那之前，我一直认为人生是靠自己的力量来开展的，所以不明白为什么我竟然会期待有人陪伴。但是，当我回头仔细想想，其实始终有人在我身边，只是我觉得都是别人有求于我，而别人对我并没有提供什么帮助，所以认为他们一点用处也没有。但是后来我才发现，收获最多的人其实是我。

每当我疲惫不堪时，他们始终在身边陪伴着我，即便我像个没出息的人一样，他们还是用爱拥抱着我。因此，他们也成为我的典范，让我感到“希望变成像这个人一样”“应该效法这个人来行动”。而且，从另一个角度来想，曾经伤害过我的人，也是值得感激的，因为我不希望活得像他们一样，有时想要对他们报仇的心也鞭策着我向前迈进。如果没有他们，我可能在某一瞬间就会认为“这样就差不多了吧”，然后变得懒散或是妥协，中途放弃。

为了向父亲证明我是对的而硬撑下来的许多点点滴滴；虽然埋怨我先生，但是为了守护心爱的孩子们而变得坚强的许多瞬间；遭受国立精神病院的院长侮辱而坚持下来的时刻……最后，我凭借着别人的爱与信任而成长，承受着别人的嫉妒、羡慕或侮辱而变得强大。他们让我体会到世态炎凉，也了解到倘若有勇气承担风险，这个世界其实相当有趣及令人振奋。而且，这整个过程将是一段探索未知的自我的经历。曾经有些人问我："要试试看吗？""要吃吃看吗？""要去看看吗？"然后，我去试一次、吃一次，也去看一次。当我累积了无数的新体验之后，也就更了解自己擅长什么、不会做什么，喜欢什么、讨厌什么。最后，在这 60 余年的人生过程中，借由与无数人的关系，成就了现在的我。

随着帕金森病的病程日益进展，我的依赖性不可避免地增长，心理也变得越来越脆弱，觉得很难再坚持下去。但是，当我环顾周围的人之后，又撑到如今。

有些时候，我会对周遭的人们感到厌烦。每次遇到那种明明不曾帮过我，却总是期待我伸出援手的人，我就会发火。当看到那些自私自利的人时，我可能会对人际关系感到厌倦。但是，这些令人讨厌的人际关系累积起来，才让我变成了现在的我。由于家人和朋友们的关心，我才有办法活到今天。我希望你身边也拥有在你觉得疲惫时，可以默默地借出肩膀让你倚靠的人。如果有这样的人，那么，你不就也能够像我这样产生活下去的勇气吗？偶尔向某人撒撒娇又何妨？反正，人就是要互相依靠才能生存下去。也许对方正在期待你对他撒娇，而不是说“我没事”呢。因为世界上没有任何事情，比听到某人说“我需要你”更令人开心了。

偶尔也要积极地独处

法国作家弗朗索瓦·德·拉罗什富科（Francois de La Rochefoucault）曾说："以为自己了不起而无须求人是愚蠢的，而以为别人离不开他，没有他就不行的人，就更是错上加错了。"但我在得帕金森病之前曾很愚蠢地认为，每天跟很多人见面真是令人厌倦，真希望能去无人岛待几天，自己独处一下。而且，我必须承认，我曾经误以为世界如果没有我将无法运转，家里、医院和患者们如果没有我，都无法好好地继续下去。

当然，我也很感谢周围的亲朋好友陪伴在我身边。不过，那只是短暂闪过的念头，每天为了生活而忙碌的我，未曾好好地对他们致谢。更准确地说，只有在紧急的时刻，我才懂得感谢，对于他们平日的陪伴，我总视为理所当然。有一回，女儿对我说："妈，你不要只倾听患者的心声，也听听我想说的话，不行吗？”我则用厌烦的口吻回答她说：“我现在很忙，你不能下次再说吗？”

最近，每当有人来找我，或是跟我联系，我都会非常感激。跟家人和朋友们聚会，甚至是与之前让我感到疲惫的人碰面，都开始变得有趣。患者通过电子邮件问候我：“金医生，你过得好吗？”我妹妹发信息问我：“姐，今天你觉得身体如何？”我先生则是打电话来告诉我：“老婆，我今天有个约会，可能会晚一点回家。你今天过得好吗？”我朋友发信息问我：“惠男啊！这个周末可以去家里找你吗？”我儿子发信息给我说：“妈妈，要记得吃药呀！”每一个问候，都让我感到弥足珍贵。有人还记得我，会想来找我，让我感到自己的人生没有白活，体会到自己还算是个不错的人，所以觉得心满意足。因此，人际交往，变得非常有趣。每当跟他们碰面，我都会开心得咯咯直笑，忘了时间的流逝。如果我没有跟这么多人分开，独自一人在家养病的话，能够感受到这种快乐吗？

当无法忍受的痛苦席卷而来时，我动也不能动。然而，当我安然地忍受过这种痛苦，随之而来的就是稍微不再那么痛苦的时刻。那些时刻对我来说非常珍贵。现在，我很享受等待深夜才能回到家的先生，以及为了在公司累积经验而忙得不可开交的儿子。当然，在等待他们的过程中，我也做了一些自己的事情。我会吃药、吃美味的食物、看电影、种种花草、喝研磨咖啡、用智能手机画图，打电话给跟我先生一起去乡下做事的女儿。当我身体状况更好的时候，我会邀请高中时期的朋友来家里玩，或是一起去旅行。上次我和朋友们一起去济州岛旅行时，我们彼此坦诚相见，泡在按摩浴缸里，开开心心地聊天。洗完澡后，还放优雅的音乐营造浪漫的气氛，甚至翩翩起舞。有趣的是，自从我开始享受独处的时光以来，与人共度的时光反而变得更加幸福。

我因为罹患帕金森病不得不放弃医生的工作，但是因此而拥有了独处的时间，也因此又找回了周围的人。我这才意识到周围人的重要性，并且心存感激之情，同时也开始花更多的时间与他们相处。所以独处的时间是十分重要的。我曾经会忘记他人的重要性，但当我与他人分开并且孤身一人时，很神奇地，就会开始想念对方。我想念让我疲惫不堪的母亲的唠叨，想念为了芝麻绿豆大的小事吵架而不相往来的弟弟，也突然想见鲜少联络的朋友。虽然当我们被繁杂的人事缠身时，会认为若能独自一人，绝对不会想见任何人，但是当我们真正独处时，有些人就是会突然浮现在眼前，让我们回想过去相遇时的种种，思考自己与对方之间的关系。

我认识的一个人，曾经去纽约接受为期一个月的教育训练，但是他在登机出发时，突然觉得没有任何乐趣。他跟妻子明明在离开家前都还在吵架，但是当他离开家之后，却十分想念妻子，以及那个曾经吵得让他整夜无法入睡的孩子。

因此，如果你曾经被他人伤害，日复一日都过得很疲惫，如果你认为世界上最可怕的就是人，如果你觉得真的已经精疲力竭，那么就试着独自待一会儿。在独处的时候，无论做什么事都没关系。你想睡就睡，想玩就玩，想吃就吃，试着过过这样的日子。

在那之后，如果有人浮现在脑海里，就任由这个思绪飘走。你可以有些幼稚的想法，也可以埋怨别人，也可以骂人骂到心里觉得爽快为止。先不要下结论，就这么度过自己独处的时间，对于浮现的情绪，顺其自然，不去理会。这样的你，请读一读韩国诗人李文宰的《玩笑》这首诗。

突然遇见美丽的事物时，
如果有个人会让你想到，
若是有他在身边该有多好，
就代表你正爱着他。
在幽静的风景，

或是美味的食物面前，
却没想到半个人，
就代表你真的很坚强，
或者真的很孤单。
为了让钟声传得更远，
钟得承受更强烈的痛。

我不想为自己留下墓志铭

42 年前，当我 18 岁的时候，我第一次近距离接触了死亡。我的二姐在一次交通事故中离开了这个世界，由于无法摆脱这个打击，我曾经彷徨许久。岁月掩盖了一切，让记忆也变得模糊。如今，鲜少有人会再谈及我二姐，甚至连记得我二姐曾经存在于这个世界的人也所剩无几。我二姐的死亡曾经震撼了我，然而，当时感受到的那种难以承受的悲伤，如今也像怀旧的黑白电影一般，只是存放在积满尘埃的记忆仓库里保管。

我记忆中的二姐是个有许多人生苦恼的青春期少女，充满抱负与梦想。她跟我约定好，要成为一个对社会有用的人。我二姐离开人世之后，我独自走过了 40 多年，成了老奶奶，然后翻开记忆留下的扉页。也许连我也死掉之后，那些关于我二姐的记忆，还有她曾经存在的事实也都会灰飞烟灭。我也不会例外。所谓“我”的这个人，只存在于记得我的人们的生涯之中，他们离开这个世界后，我也会消失得无影无踪。

但是，这并不会造成什么问题。在时间的流逝之中，有着无数的生命形态，也有着无数的墓志铭记载他们的生平，其实不差我一个，所以我死后并不想为自己留下墓志铭。不过，这并不意味着我认为人生就是一场空，或是生命毫无意义可言。相反地，我想说的是，目前我所拥有的人际关系，正是衡量我生命意义的标准。

当我们离开人世的时候，带走的唯有记忆而已。在生命的尽头，留下的不是荣耀、金钱或名誉，而是过去与自己所珍爱的人共度的时光，这些回忆将如走马灯般浮现在眼前。只有我们所珍藏的记忆匣子，会告诉我们自己这一生究竟过得如何。我知道，我去世之后我的外貌将被记录在那些认识我的人的心中，未来当他们想起我的时候，脑海中就会浮现出我的形貌。即使我不另外留下墓志铭，我也已经把墓志铭留在我所认识的人心上。所以，自然就没有理由非要留下墓志铭不可。不过，当最后一个记得我的人停止呼吸的那一刻，我这辈子的生命乐章也将完全落幕。

艾琳娜是一个漂亮可爱的 6 岁女孩，住在美国俄亥俄州的辛辛那提。她最大的愿望是成为一名母亲，其次是想当一名老师。她很喜欢画画和去图书馆看书。2006 年 11 月，在她生日前几天，医生判定她得了罕见的小儿脑肿瘤，她的生命只剩下 200 天。她的父母亲——德塞里奇夫妇伤心欲绝，艾琳娜却十分坚强。

最后，艾琳娜终究还是不敌病魔而早逝。某一天，深陷悲伤之中的德塞里奇夫妇发现了一张令人难以置信的字条。艾琳娜在自己离开人世之前的 9 个月里，偷偷地在家里藏了数百张字条，包括书包里、抽屉里、书架上、茶叶筒里、相簿里，等等，以便让家人在她离开他们之后，可以看到这些字条。“爸爸妈妈，我爱你们。”“葛丽丝，笑一个！要听老师的话。”其中一张字条上，她仿佛挤出最后的一丝力气，用歪歪斜斜的字体，写下“对不起，我病了”。

德塞里奇夫妇并没有告诉年幼的艾琳娜，死神正在向她走来。但是，随着癌症病程的发展，艾琳娜失去了声音，右手也变得难活动。艾琳娜感觉到自己的死期已不远，因此担心活着的家人会很伤心，于是留下了无数字条，写下她想对他们说的话。

6 岁就离开人世的艾琳娜，在病痛之中仍然心系家人，为他们留下了爱的字条当作礼物。我们为心爱的家人和朋友留下什么记忆了吗？法国画家兼诗人玛丽 · 罗兰珊（Marie

Laurencin）在她的诗作《可悲的女人》中写道，比死掉的女人更可怜的女人，就是被遗忘的女人。任何人都不记得的人，就是对任何人都不重要，也没有与任何人建立有意义的关系的人。所以，我十分苦恼着此刻该如何活下去，因为我活着的每一个形貌，都将逐一刻画在我所爱的人的记忆之中，最后形成“我”。而我希望自己在他们的脑海中，是一个不错的人，也希望听到他们说，很开心曾经与我相识一场。

从声音到文字，分享人类智慧

天喜文化